AUTENTIŠKA UKRAINĖS VIRTUVĖ

100 autentiškų tradicinių receptų iš Ukrainos. Sveika mažai kalorijų turinti veganiška/vegetariška dieta, skirta lengvai ir stilingai numesti svorio

Eglė Žukė

Autorių teisių medžiaga © 2024 m

Visos teisės saugomos

Jokia šios knygos dalis negali būti naudojama ar perduodama jokia forma ar bet kokiomis priemonėmis be tinkamo rašytinio leidėjo ir autorių teisių savininko sutikimo, išskyrus trumpas citatas, naudojamas apžvalgoje. Ši knyga neturėtų būti laikoma medicininių, teisinių ar kitų profesionalių patarimų pakaitalu.

TURINYS

- TURINYS 3
- ĮVADAS 6
- **PUSRYČIAI** 7
  1. Ukrainietiški bulviniai blynai 8
  2. Ukrainietiška ruginė duona 10
  3. Ukrainiečių kaimo pusryčiai 12
  4. Ukrainiečių pusryčių hašas 14
  5. Ukrainietiški sūrio blynai 17
  6. Ukrainiečių pusryčių sumuštinis 19
  7. Ukrainietiška medaus-citrinų arbata 21
  8. Ukrainietiška juoda duona 23
  9. Ukrainietiška raugintų kopūstų duona 25
- **UŽKARTAI IR UŽKANDŽIAI** 28
  10. Ukrainietiški migdolų pusmėnuliai 29
  11. Ukrainietiški vyšnių kukuliai 31
  12. Ukrainietiška babbka 33
  13. Cukinijos marinuoti agurkai 36
  14. Greitai marinuoti agurkai 39
  15. Marinuoti grybai 41
  16. Tradicinės spurgos 43
  17. Angelo sparnai 46
  18. Ukrainietiška pica 48
  19. Vegan Pierogi Bites 50
  20. Baguette su grybais 52
  21. Veganiškos sūrio bandelės 54
  22. Hanky Panky 57
  23. Grybų grikių dubuo 59
  24. Smažai skrudinti porai 62
  25. Rūkytas svogūnas ir aguonos b skaitykite ritinį 64
  26. Kokoso spurga 67
  27. Kolrabi šnicelis 69
  28. Blynai su mielėmis 71
  29. Užkandis su slyvomis 73
  30. Veganiški blyneliai su slyvų sviestu 75
- **SRIUBOS IR SALOTOS** 77
  31. Ukrainietiška burokėlių sriuba 78
  32. Ukrainietiški agurkų ir citrinų barščiai 81
  33. Rūgščių agurkų sriuba 83
  34. Barščiai 85
  35. Braškių / mėlynių sriuba 87
  36. Kopūstų sriuba 89

37. Saldus ir rūgštus raudonasis kopūstas 91
38. Baugintas raudonasis kopūstas su avietėmis 93
39. Daržovių sriuba 95
40. Pomidorų sriuba 97
41. Marinuota sriuba 99
42. Rūgšti ruginė sriuba 101
43. Atšaldyta burokėlių sriuba 103
44. Vaisių sriuba 105
45. Bulvių sriuba 107
46. Citrinų sriuba 109
47. Šparagų sriuba 111
48. Burokėlių salotos 113
49. Salierų ir apelsinų salotos 115
50. Daržovių salotos 117
51. Agurkai kokoso kreme 119
52. Kalaropių sriuba 121
53. Ukrainietiška pupelių sriuba 123

PAGRINDINIS PATIEKALAS 125

54. Gefullte žuvis iš Ukrainos 126
55. Ukrainietiška vištiena su krapais 128
56. Ukrainietiškas mėsos ir žuvies troškinys 130
57. Ukrainietiškas kepsnys 132
58. Ukrainietiškų kopūstų suktinukai su soromis 134
59. Ukrainietiškos jautienos strogano ff 136
60. Vegetarai bigos 138
61. Ukrainietiški koldūnai 140
62. Saldūs varškės sumuštiniai 142
63. R ledas su obuoliais 144
64. Makaronai ir koldūnai 146
65. Makaronai ir veganiški sūriai e 148
66. Makaronai su braškėmis 150
67. Makaronai su grybais 152
68. Veganiškas sūris su ridikėliais 154
69. Pasta su aguonomis 156
70. Ukrainos žuvis 158
71. Kopūstų suktinukai 161
72. Potato ir veganų Cheese Pierogi 163
73. Keptas alaus tofu 166
74. S batatų pierogi 168
75. Vegan špinatų rutuliukai makaronai 171
76. Bulvių ir Morkų Pierogies 173
77. Virti koldūnai 176
78. Mėlynė Pierogi 178
79. Abrikosų Kolache 181

DESERTAI **183**
   80. Ukrainos chrustyky 184
   81. Ukrainietiškas sūrio pyragas 186
   82. Bajaderki 188
   83. Mazurekas su šokoladiniu kremu 190
   84. Moliūgų mielinis Bundt pyragas 192
   85. Kremo suktinukai 194
   86. Vafliai 196
   87. Šventinis obuolių pyragas 198
   88. Bulviniai imbieriniai sausainiai 200
   89. Kepti obuoliai su vaisiais ir riešutais 202
   90. Veganiškas uogų sūrio pyragas e 204
   91. Saldus grūdų pudingas 206
   92. Riešutiniai pusmėnulio sausainiai 208
   93. Slyvų troškinys 210
   94. Marmeladas 212
   95. Velykų pyragas 214
   96. Vanilinio kremo pudingas 216
   97. Cream Fudge 218
   98. Migdolai Chocolate Plums 220
   99. Vegan saldaus sūrio suktinukai 222
   100. Ukrainietiškas garuose virtų kopūstų suflė 225
IŠVADA **227**

ĮVADAS

Sveiki atvykę į „Autentišką ukrainietišką virtuvę" – kulinarinę kelionę per 100 jausmingų receptų, užfiksuojančių ukrainietiškos virtuvės šerdį. Ši kulinarijos knyga yra turtingų ir įvairių skonių, tradicijų ir šilumos, apibūdinančios Ukrainos virtuvę, šventė. Prisijunkite prie mūsų tyrinėdami tradicinius patiekalus, perduodamus iš kartos į kartą, kurdami skonių gobeleną, atspindintį Ukrainos sielą ir dvasią.

Įsivaizduokite virtuvę, pripildytą sočiųjų barščių aromato, pikantiško varenyky čiurlenimo ir tradicinių ukrainietiškų desertų saldumo. „Autentiška ukrainietiška virtuvė" – tai daugiau nei tik receptų rinkinys; tai kvietimas patirti svetingumą, džiaugsmą ir komfortą, kurį teikia ukrainietiška virtuvė. Nesvarbu, ar turite ukrainietiškų šaknų, ar tiesiog traukia Rytų Europos virtuvės skoniai, šie receptai sukurti taip, kad įkvėptų jus atkurti autentiškus Ukrainos skonius.

Nuo klasikinių pierogių iki paguodos holubtsi – kiekvienas receptas yra įvairių ir jausmingų skonių, apibūdinančių Ukrainos virtuvę, šventė. Nesvarbu, ar planuojate šeimos šventę, ar tyrinėjate ukrainietiškų saldumynų gėrybes, ši kulinarijos knyga yra jūsų šaltinis, norint susipažinti su visomis Ukrainos kulinarijos tradicijomis.

Prisijunkite prie mūsų, kai leidžiamės į kelionę po „Autentišką ukrainietišką virtuvę", kur kiekvienas kūrinys liudija sielą ir širdį šildantį ukrainietiško maisto gaminimo pobūdį. Taigi, užsiimkite prijuostę, pasimėgaukite ukrainietiško svetingumo turtingumu ir pasinerkime į 100 jausmingų receptų, kuriuose užfiksuota šios mėgstamos kulinarinės tradicijos esmė.

PUSRYČIAI

1. Ukrainietiški bulviniai blynai

INGRIDIENTAI:
- 1 didelio svogūno; tarkuotų
- 6 Bulvės; nulupti ir sutarkuoti
- 2 šaukštai Miltų
- 2 Kiaušiniai
- 2 arbatinius šaukštelius druskos
- ¾ arbatinio šaukštelio juodųjų pipirų
- 1 pintos grietinės
- ½ pintos grietinėlės

INSTRUKCIJOS:

a) Dideliame dubenyje mikseriu sutrinkite ingredientus, išskyrus grietinę ir grietinėlę. Tai galite padaryti ir virtuviniu kombainu arba trintuve. Keptuvėje įkaitinkite aliejų ir, kai įkais, įpilkite didelį šaukštą mišinio. Kepkite, kol paruduos iš vienos pusės. Pasukite ir pakartokite. Baigę išimkite, nusausinkite ir pašaukite į šiltą orkaitę.

b) Sumaišykite grietinę ir grietinėlę kartu.

c) Patiekite šiltą su dideliu šaukštu grietinėlės mišinio! Tai pagrindinis dalykas ukrainiečių namuose, o šie blynai šaldytuve gerai išsilaikys 2–3 dienas. Daugelyje namų ant šių skanių blynų taip pat patiekiami konservai arba uogienė.

2. Ukrainietiška ruginė duona

INGRIDIENTAI:

- 1 arbatinis šaukštelis Mielės
- ¼ puodelio šilto vandens
- Ištirpinkite mieles
- Vanduo
- 1 puodelis stiprios kavos
- 1 arbatinis šaukštelis Blackstrap melasos
- 3 stiklinės pilnų ruginių miltų
- ⅓ stiklinės pilnų grikių miltų
- 1¼ arbatinio šaukštelio druskos

INSTRUKCIJOS:

a)   Sumaišykite sausus ingredientus. Įpilkite ¾ puodelio kavos ir mielių tirpalo. Jei reikia, naudokite likusią kavos dalį, jei mišinys per sausas. Tešlą minkykite 5-10 minučių vandeniu ant rankų.

b)   Uždenkite ir palikite 2 valandas kambario temperatūroje. Daug nepakils. Vėlgi, naudokite vandenį ant rankų ir trumpai minkykite tešlą. Vėl uždenkite ir leiskite pakilti dar 30 minučių, uždengę drėgnu skudurėliu. Iš tešlos suformuokite 1 arba 2 ilgus plonus kepalus, dar kartą naudodami vandenį ant rankų.

c)   Tešlą dėkite ant kepimo skardos, pateptos riebalais arba pabarstytos miltais. Tešlą kildinkite šiltoje ir drėgnoje vietoje apie 45 minutes, kol tešla taps minkšta. Pakilimo bus nedaug.

d)   Kepkite 450 laipsnių kampu 20 minučių, keptuvėje su vandeniu.

e)   Kepkite 375 laipsnių F. dar 30 minučių be vandens.

3. Ukrainiečių kaimo pusryčiai

INGRIDIENTAI:
- 50 g lardo, susmulkinti
- 1 askaloninis česnakas, plonais griežinėliais
- 1 laisvai auginamos vištienos krūtinėlė, plonai supjaustyta išilgai
- 100 g lapinių kopūstų
- 4 vidutiniai laisvai laikomi kiaušiniai

INSTRUKCIJOS:
a) Kepkite lardo didelėje keptuvėje ant vidutinės ugnies apie 5 minutes, kol išsilydys (išlydys) didžioji dalis riebalų. Suberkite askaloninius česnakus ir kepkite, kol jis taps auksinis (apie 4 minutes).
b) Įdėkite vištieną (jei naudojate) ir virkite 2 minutes, tada suberkite kopūstus ir virkite dar 5 minutes.
c) Galiausiai įmuškite kiaušinius, pagardinkite ir virkite. Galite palikti juos sveikus ir virti, kol baltymai sustings, o tryniai vis dar bus skysti, arba sumaišyti, kad išplaktumėte – bus puikaus skonio.

4.Ukrainiečių pusryčių hašas

INGRIDIENTAI:
- 10 yukon auksinių arba rusvų bulvių, supjaustytų kubeliais
- 2 šaukštai šviežių kūdikių krapų, susmulkintų
- 1 svogūnas (vidutinis) susmulkintas
- ⅔ puodelio raugintų kopūstų skysčio išspausti ir smulkiai supjaustyti,
- 1 375 gramų žiedinė dvigubai rūkyta ukrainietiška dešra, supjaustyta apskritimais
- 2 ½ puodelio grybų supjaustyti
- 1 susmulkinta žalia paprika
- 2 šaukštai augalinio aliejaus
- 3 šaukštai sviesto
- 1 stiklinė sauso varškės
- 2 skiltelės česnako traiškyti d
- 1 arbatinis šaukštelis druskos
- ½ arbatinio šaukštelio pipirų
- kiaušiniai

INSTRUKCIJOS:
a) Bulves supjaustykite kubeliais ir virkite mikrobangų krosnelėje neuždengtoje lėkštėje / lėkštėje maždaug 15 minučių arba tol, kol šakutė lengvai perskros bulvių gabalėlius, tačiau jie vis tiek yra tvirti / išlaiko formą.
b) Tuo tarpu: didelėje keptuvėje/keptuvėje įkaitinkite aliejų iki vidutinio aukščio ir troškinkite kubassa/kielbasa 3–4 minutes, reguliariai maišydami ir apversdami, tada iškelkite į lėkštę. Atidėti.
c) Į keptuvę įpilkite dar 1 valgomąjį šaukštą kepimo aliejaus, tada 5 minutes pakepinkite žaliąją papriką, svogūnus ir česnaką ant vidutinės ar silpnos ugnies. Sudėkite grybus ir kepkite dar 3-4 minutes. Atidėkite į atskirą dubenį.
d) Į keptuvę įpilkite sviesto ir kepkite bulves, reguliariai maišydami ir apversdami, 15 minučių, kol išorė apskrus, o vidus suminkštės.
e) Tada vėl į keptuvę suberkite žaliųjų pipirų/svogūnų mišinį, taip pat kubasą, raugintus kopūstus, sausą varškę ir kepkite maišydami dar maždaug 10 minučių.
f) Jei naudojate kiaušinius: išvirkite kiaušinius pagal savo skonį ir padėkite ant maišos.

5.Ukrainietiški sūrio blynai

INGRIDIENTAI:
- 275 g ūkininko sūrio
- 1 kiaušinis
- 50 g paprastų miltų
- 2 šaukštai smulkaus cukraus
- Žiupsnelis druskos

INSTRUKCIJOS:
a) ingredientus sudėkite į blenderį ir sumaišykite
b) Paimkite šaukštą mišinio ir supilkite į miltus. Apverskite, kad išorė pasidengtų miltais. Šiek tiek išlyginkite. Dėkite ant miltais pabarstytos lėkštės arba tiesiai į keptuvę.
c) Kepkite iš abiejų pusių apie 3-4 minutes iki auksinės rudos spalvos.
d) Patiekite su uogiene ir grietine

6.Ukrainiečių pusryčių sumuštinis

INGRIDIENTAI:
- 1 kiaušinis
- 1 valgomasis šaukštas sauso varškės
- ½ arbatinio šaukštelio krapų
- 1 valgomasis šaukštas grietinės
- ⅓ puodelio supjaustytos ukrainietiškos kielbasos
- 1 arbatinis šaukštelis garstyčių
- ½ arbatinio šaukštelio krienų
- 1 pilno grūdo angliška bandelė
- 2 pomidorų griežinėliai

INSTRUKCIJOS:
a) Skrudinta angliška bandelė.
b) Išpurkškite kavos puodelio vidų neprideganču kepimo purškalu. Į puodelį įmuškite kiaušinį ir suberkite sausą varškę bei krapus. Švelniai pamaišykite sekundę ir stenkitės nesulaužyti trynio.
c) Kiaušinių mišinį įdėkite į mikrobangų krosnelę 30–40 sekundžių (su dangčiu) arba kol kiaušinis sustings. Švelniai atlaisvinkite, braukdami peilį tarp puodelio vidaus ir kiaušinio.
d) Sumaišykite grietinę, krienus ir garstyčias. Tolygiai paskleiskite kiekvieną angliškos bandelės pusę.
e) Vieną angliškos bandelės pusę aptepkite griežinėliais pjaustytu kielbasa ir švelniai ištraukite virtus kiaušinius iš puodelio ir ant viršaus kielbasa.
f) Pridėti supjaustytą pomidorą. Ant viršaus uždėkite kitą angliškos bandelės pusę.
g) Patiekite iš karto.

7. Ukrainietiška medaus-citrinų arbata

INGRIDIENTAI:
- 8 šaukštai Oranžiniai indiškos arbatos lapeliai
- 6 šaukštai Šviežiai spaustos citrinos sultys
- 2 šaukštai Šviežiai nutarkuota citrinos žievelė
- 1 puodelis Medus

INSTRUKCIJOS:

a) Arbatos lapelius ir citrinos žievelę sudėkite į marlės maišelį ir užriškite.

b) Užvirinkite 2¼ litrų vandens, įpilkite maišelį, citrinos sultis ir medų.

c) Virkite 5 minutes, išjunkite ugnį ir leiskite pastovėti 10 minučių.

d) Patiekite karštą

8.Ukrainietiška juoda duona

INGRIDIENTAI:
- 1 arbatinis šaukštelis Aktyvios sausosios mielės
- ¼ puodelio ; Vanduo , šiltas (ne karštas!)
- 1 puodelis Kava, STIPRI; atvėsęs
- 1 arbatinis šaukštelis Blackstrap melasa
- 3 puodeliai Ruginiai ruginiai miltai
- ½ puodelio Viso dydžio grikių miltai
- 1¼ arbatinio šaukštelio Druska

INSTRUKCIJOS:
a) Mieles ištirpinkite drungname vandenyje. Į kavą įmaišykite melasą.

b) Sumaišykite sausus ingredientus . Įmaišykite šlapius ir minkykite tešlą 10-12 minučių. Šiuo metu tešlą uždenkite dubenyje ir leiskite pastovėti 2 valandas. Išimkite ir vėl minkykite 3-4 minutes. Suformuokite žemės rutulį ir uždenkite dar 30 minučių.

c) Paimkite rutulį tarp rankų ir susukite į ilgą ploną formą, panašią į prancūziškos duonos kepalą, maždaug 2–3 colių skersmens. Tvarkydami tešlą iki šiol visais etapais laikykite rankas šlapias. Ištepkite kepimo skardą riebalais ir padėkite ant jos tešlą. Kepkite tešlą šiltoje orkaitėje (apie 85 laipsnių F.) 45 minutes.

d) Kepkite 375 laipsnių F drėgnoje orkaitėje (1 puodelį vandens įdėkite į metalinį dubenį orkaitėje) 20 minučių.

e) Išimkite vandens dubenį ir toliau kepkite dar 30 minučių 375 laipsnių F temperatūroje. Taip bus vienas ilgas kepalas arba iš jo galima pagaminti 2 trumpesnius kepalus ar net suktinukus.

9. Ukrainietiška raugintų kopūstų duona

INGRIDIENTAI:
- 1½ puodelio Plikytos neriebios pasukos
- ½ puodelio Drungnas vanduo (98–110 F laipsniai)
- 1 pakelis Aktyvios sausosios mielės
- 2 šaukštai Lengvas medus
- 4 Kiaušiniai
- 14 puodelių Nesmulkintų kviečių arba Nebalinti balti miltai
- 3 šaukštai Dygminų aliejus
- 2 puodeliai Nusausinti rauginti kopūstai
- ½ puodelio Sutarkuotos morkos
- ½ arbatinio šaukštelio Pipirai
- ½ arbatinio šaukštelio Žolelių druskos pakaitalas

INSTRUKCIJOS:

a) Dideliame dubenyje sumaišykite pasukas, vandenį, mieles ir medų. Maišykite, kol mielės ištirps, ir palikite pastovėti 5 minutes.

b) Nedideliame dubenyje išplakite kiaušinius, tada sudėkite į mielių mišinį. Įmaišykite 5–6 puodelius miltų arba tiek, kad susidarytų tiršta tešla. Gerai išmaišykite ir palikite pastovėti 20 minučių.

c) 1 minutę intensyviai maišykite tešlą, tada įpilkite 2 šaukštus aliejaus ir tiek miltų, kad susidarytų tiršta tešla. Lengvai miltais pabarstykite stalą arba duonos lentą ir pasukite tešlą ant lentos. Minkykite iki vientisos ir elastingos masės (5–10 minučių). Maišymo dubenį lengvai patepkite aliejumi ir sudėkite į jį išminkytą tešlą. Dubenį uždenkite rankšluosčiu ir palikite pakilti 40 minučių.

d) Tešlą permuškite, tada vėl uždenkite ir leiskite kilti dar 30 minučių.

e) Kol tešla kyla antrą kartą, nedideliame puode sumaišykite likusį aliejų, raugintus kopūstus, morkas, pipirus ir druskos pakaitalą. Virkite šį mišinį neuždengę ant vidutinės-stiprios ugnies 10 minučių, dažnai maišydami. Nukelkite nuo ugnies ir supilkite į kiaurasamtį, pastatytą virš kriauklės. Palikite raugintus kopūstus 10 minučių nuvarvėti.

f) Lengvai patepkite aliejumi 9 x 12 colių kepimo skardą ir įkaitinkite orkaitę iki 350 laipsnių F. Padalinkite tešlą į 2 rutuliukus ir kiekvieną iškočiokite į 9 x 12 colių stačiakampį. Į kepimo skardą įdėkite vieną stačiakampį. Ant jo uždėkite šaukštą raugintų kopūstų mišinio. Antrą tešlos stačiakampį uždėkite ant raugintų kopūstų. Pasiekite skardą ir suspauskite apatinio ir viršutinio tešlos sluoksnių kraštus, sandariai užsandarinkite. Leiskite pakilti 10 minučių.

g) Kepkite raugintų kopūstų duoną, kol paruduos (apie 45 minutes). Jis turėtų lengvai pakilti iš keptuvės. Leiskite atvėsti ant grotelių, tada supjaustykite storais griežinėliais.

UŽKARTAI IR UŽKANDŽIAI

10. Ukrainietiški migdolų pusmėnuliai

INGRIDIENTAI:
- 2 stiklinės nebalintų baltų miltų
- 1 pakelis sausų mielių
- 1 puodelis saldaus sviesto, kambario temp
- 2 kiaušinių tryniai, išplakti
- ¾ stiklinės grietinės

UŽPILDYMAS:
- 2 puodeliai migdolų, skrudintų ir stambiai sumaltų
- ⅔ puodelio iki 3/4 c rudojo cukraus, tvirtai supakuoto
- 2 Kiaušinių baltymai
- 1 žiupsnelis druskos

INSTRUKCIJOS:
a) Tešlai terpėje sumaišykite miltus ir mieles. dubuo.
b) Konditerijos šakute supjaustykite sviestą, kol mišinys primins rupius miltus. Įmaišykite kiaušinių trynius ir grietinę ir gerai išmaišykite. Mišinys vis tiek bus trupinis.
c) Iš tešlos rankomis formuokite rutulį, kuo mažiau jo dirbdami. Kuo mažiau minkysite, tuo pyragas bus minkštesnis. Tešla bus lipni. Apvyniokite jį vaškuotu popieriumi ir atšaldykite mažiausiai 2 valandas.
d) Paruoškite įdarą mažame dubenyje sumaišydami maltus migdolus ir cukrų. Kiaušinių baltymus ir druską išplakite iki standžių putų, bet ne sausų ir atsargiai įmaišykite į riešutų masę.
e) Įkaitinkite orkaitę iki 375 F. Kai tešla gerai atvės, padalinkite ją į tris rutuliukus. Miltais pabarstytu kočėlu iškočiokite tris maždaug ⅛ colio storio apskritimus. Dirbkite ant gerai miltais pabarstyto paviršiaus, kad tešla nepriliptų.
f) Kiekvieną apskritimą supjaustykite į aštuonis pyrago formos griežinėlius ir juos aptepkite įdaru. Pradėdami nuo plataus galo, susukite kiekvieną pleištą kaip mažą raguolį, o tada sutraukite galus į kreivę, kad susidarytumėte „ragą". Įsitikinkite, kad smaigalys yra apačioje, kad „rageliai" neatsiverstų kepant.
g) Migdolų pusmėnulius dėkite ant lengvai aliejumi pateptos kepimo skardos ir kepkite apie 30-40 min., kol taps auksinės spalvos ir išsipūs.

11. Ukrainietiški vyšnių kukuliai

INGRIDIENTAI:
- 2 puodeliai universalių miltų; išsijoti
- 1 arbatinis šaukštelis druskos
- 2 Kiaušiniai
- 1½ stiklinės konservuotų raudonųjų vyšnių be kauliukų, nusausintų
- ½ stiklinės vandens
- 1 Kiaušinio baltymas
- 1-3 šaukštai cukraus

INSTRUKCIJOS:
a) Minkyti ant miltais pabarstytos lentos. Suformuokite rutulį ir palikite 1 val. Labai plonai iškočiokite ant miltais pabarstytos lentos. Supjaustykite mažais, maždaug 4 colių skersmens apskritimais.
b) Ant kiekvieno apskritimo apatinės pusės uždėkite 1 šaukštą vaisių įdaro. Kraštelius aptepkite kiaušinio plakiniu, šiek tiek išplaktu. Aptepkite tešlą, kad susidarytų puslankis, ir suspauskite kraštus. Po kelis supilkite į didelį virdulį su verdančiu vandeniu ir greitai virkite 15–20 minučių arba tol, kol koldūnai iškils į paviršių. Išimkite kiaurasamčiu ir nusausinkite. Patiekite šiltą. Jei pageidaujate, patiekite su šiltomis vyšnių sultimis ir tiršta grietinėle.
c) Vyšnias ir cukrų suberkite į nedidelį puodą ir troškinkite 5 minutes.

12. Ukrainietiška babbka

INGRIDIENTAI:
- 1 pakelis aktyvių sausų mielių
- žiupsnelis Cukrus
- ¼ puodelio šilto vandens
- ½ stiklinės nesūdyto sviesto, lydytas
- ¼ puodelio cukraus
- 1½ šaukštelio druskos
- 2 arbatiniai šaukšteliai vanilės ekstrakto
- ½ arbatinio šaukštelio migdolų ekstrakto
- ¾ puodelio šilto pieno
- 3 Kiaušiniai
- 4 puodeliai nebalintų universalių miltų
- 2 šaukštai nesūdyto sviesto, tešlai aptepti
- 3 šaukštai vanilinio cukraus pudros arba cukraus pudros
- 1½ stiklinės sauso varškės
- ⅓ puodelio cukraus
- 1½ šaukšto grietinės
- 1½ šaukšto miltų
- 1 kiaušinis
- 1 arbatinis šaukštelis citrinos žievelės
- ½ arbatinio šaukštelio vanilės ekstrakto
- 3 šaukštai serbentų
- 2 šaukštai konjako 1/2 valandos

INSTRUKCIJOS:

a) Mažame dubenyje šiltu vandeniu pabarstykite mieles ir cukrų ir išmaišykite, kad ištirptų. Leiskite pastovėti iki putų, apie 10 minučių. Dideliame dubenyje sumaišykite sviestą, cukrų, druską, vanilę, migdolus, pieną, kiaušinius ir 1 puodelį miltų. Plakite šluotele iki vientisos masės. Įpilkite mielių mišinio. Plakite 3 minutes arba iki vientisos masės.

b) Po ½ puodelio mediniu šaukštu suberkite miltus, kol susidarys minkšta tešla. Tešlą išverskite ant lengvai miltais pabarstyto paviršiaus ir minkykite iki vientisos ir šilkinės masės, maždaug 5 minutes.

c) Įsitikinkite, kad tešla išlieka minkšta. Sudėkite į riebalais išteptą dubenį, vieną kartą pasukite, kad suteptumėte viršų, ir uždenkite plastikine plėvele. Leiskite pakilti šiltoje vietoje, kol padvigubės, maždaug 1½ valandos. Tuo tarpu įdaro ingredientus sumaišykite dubenyje, plakite iki kreminės masės. Švelniai išleiskite tešlą, išverskite ją ant lengvai miltais pabarstytos lentos ir iškočiokite arba paglostykite 10 x 12 colių stačiakampį.
d) Patepkite tirpintu sviestu. Užtepkite įdaru, palikdami ½ colio kraštelį aplink tešlą. Suvyniokite želė ritinėlį ir suspauskite siūles. Laikydami vieną galą, pasukite tešlą maždaug 6–8 kartus, kad susidarytų virvė.
e) Suformuokite plokščią ritę ir sudėkite į riebalais išteptą 10–12 puodelių formą arba vamzdelį. Suimkite galus ir sureguliuokite tešlą taip, kad ji tolygiai gulėtų keptuvėje, ne daugiau kaip ⅔.
f) Laisvai uždenkite plastikine plėvele ir leiskite pakilti iki tolygiai su keptuvės viršumi, maždaug 45 minutes. Kepkite iki 350 laipsnių F. įkaitintoje orkaitėje 40–45 minutes arba tol, kol taps auksinės rudos spalvos, o pyrago tikrintuvas bus švarus. Bakstelėjus pasigirs tuščiaviduris garsas. Leiskite pastovėti 5 minutes keptuvėje, tada perkelkite iš kepimo skardos ant grotelių, kad visiškai atvėstų.
g) Prieš pjaustydami leiskite pastovėti 4 valandas arba per naktį, suvyniotą į plastiką. Pabarstykite milteliniu cukrumi arba pabarstykite cukraus pudros glaistu.

13.Cukinijos marinuoti agurkai

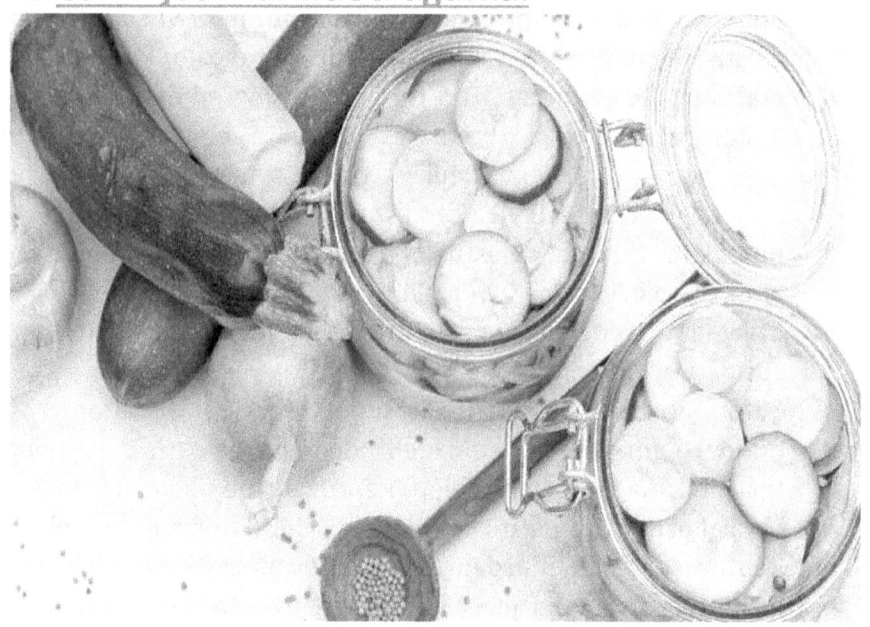

INGRIDIENTAI:
- 3 kg cukinijų (geltonos ir žalios spalvos mišinys)
- 5 šaukštai druskos
- 500 g svogūno
- 500 g morkų, susmulkintų
- 1 kg raudonųjų pipirų, supjaustytų kubeliais
- 250 ml dvigubo stiprumo (10%) acto
- 200 g granuliuoto cukraus
- 1 arbatinis šaukštelis kvapiųjų pipirų uogų
- 1/2 arbatinio šaukštelio maltos čili
- 3 arbatiniai šaukšteliai baltųjų garstyčių sėklų
- 1 valgomasis šaukštas juodųjų pipirų
- 1 arbatinis šaukštelis kalendros sėklų
- 6 lauro lapai
- daržovių aliejus

INSTRUKCIJOS:

a) Kruopščiai nuplaukite cukinijas, bet nenulupkite. Daržovių skustuvu susmulkinkite arba supjaustykite ilgais plonais gabalėliais. Įdėkite į maišymo dubenį ir pagardinkite 3 šaukštais druskos. Sumaišykite visus ingredientus maišymo dubenyje ir palikite 2–3 valandoms.

b) Nulupkite ir supjaustykite svogūną, tada sudėkite į atskirą dubenį su likusia druska ir gerai išmaišykite. Pasiruošimui skirkite 2–3 valandas.

c) Cukinijose ir svogūnuose susikaupusį skystį nupilkite. Dideliame maišymo dubenyje sumaišykite cukiniją, svogūną, susmulkintą morką ir griežinėliais pjaustytą pipirą.

d) Puode užvirinkite actą, tada suberkite cukrų ir prieskonius (išskyrus lauro lapą). Kol padažas dar karštas, užpilkite juo daržoves. 3 valandos marinavimo

e) Sterilizuokite stiklainius, supildami į juos daržoves ir skystį. Stiklainius uždarykite dangteliais ir į kiekvieną įpilkite 1 lauro lapelį ir 1 šaukštą aliejaus.

f) Į didelį puodą, išklotą švariu rankšluosčiu, sudėkite stiklainius ir įpilkite tiek karšto vandens, kad pakreiptų 3/4 stiklainių kraštų.

g) Užvirinkite, tada 20–30 minučių apdorokite verdančio vandens vonelėje švariu rankšluosčiu išklotoje keptuvėje, o karštas vanduo siektų 3/4 stiklainių aukščio.

14. Greitai marinuoti agurkai

INGRIDIENTAI:
- 1/2 svogūno, smulkiai supjaustyto
- 75 ml baltojo acto
- 100 g cukraus pudros
- 3/4 šaukšto druskos
- 1 agurkas, nuplautas ir plonais griežinėliais

INSTRUKCIJOS:

a) Nedideliame dubenyje sumaišykite susmulkintą svogūną, actą, cukrų ir druską.

b) Prieš patiekdami laikykite šaldytuve bent 30 minučių, apibarstykite griežinėliais pjaustytu agurku.

15.Marinuoti grybai

INGRIDIENTAI:
- 1,5 kg mažų grybų
- 2 arbatinius šaukštelius druskos
- 250 ml 10% baltojo acto
- 750 ml vandens
- 1 svogūnas, supjaustytas žiedais
- 1 1/2 arbatinio šaukštelio druskos
- 3-4 arbatinius šaukštelius cukraus
- 10 juodųjų pipirų
- 3 kvapiųjų pipirų uogos
- 1 lauro lapas

INSTRUKCIJOS:

a) Sausa šluoste nupjaukite ir nuvalykite grybus. Virkite 30 minučių ant silpnos ugnies, perpylę į keptuvę su 2 l verdančio vandens ir 2 šaukštais druskos.

b) Dubenyje sumaišykite actą ir 750 ml vandens. Dideliame dubenyje sumaišykite svogūną, 1 1/2 arbatinio šaukštelio druskos, cukrų, pipirų žirnelius, kvapiuosius pipirus ir lauro lapą. Užvirinkite, tada sumažinkite ugnį 5 minutes.

c) Išvirusius grybus nuvarvinus sudėkite į sterilizuotus mažyčius stiklainius. Sandariai uždarykite dangtelius ir užpilkite karštu sūrymu. Prieš patiekdami leiskite atvėsti prieš šaldydami 3–4 savaites.

16. Tradicinės spurgos

INGRIDIENTAI:
- 2 pakuotės aktyvių sausų mielių (4 1/2 arbatinio šaukštelio)
- 1 1/2 puodelio augalinio pieno , šilto, apie 110 F
- 1/2 puodelio granuliuoto cukraus
- 1/2 puodelio kokosų sviesto , kambario temperatūros
- 1 šaukštas brendžio arba romo
- 1 arbatinis šaukštelis druskos
- 4 1/2–5 puodeliai universalių miltų
- 1 galono augalinis aliejus, skirtas kepti
- Apie 1/2 stiklinės granuliuoto cukraus, g
- Apie 1/2 stiklinės konditerinio cukraus, apvoliojimui
- 1 puodelis uogienės arba vaisių pastos įdarui, neprivaloma

INSTRUKCIJOS:
a) Mažame dubenyje ištirpinkite mieles šiltame augaliniame piene. Išmaišę atidėkite, kad ištirptų.
b) Sumaišykite cukrų ir kokosų sviestą dideliame maišymo dubenyje arba stovenčiame maišytuve su mentelės priedu, kol susidarys putos.
c) Įmaišykite brendį arba romą, taip pat druską, kol gerai susimaišys.
d) Naudodami mentelės priedą, pakaitomis įpilkite 4 1/2 puodelio miltų ir augalinio pieno ir mielių mišinio. Plakite mašina 5 minutes ar ilgiau iki vientisos masės arba ilgiau rankomis.
e) Į aliejumi pateptą dubenį sudėkite tešlą. Apverskite keptuvę, kad kitą pusę pateptumėte sviestu.
f) Uždenkite viršų plastikine plėvele ir leiskite pakilti 1–2 1/2 valandos arba tol, kol tūris padidės dvigubai.
g) Lengvai miltais pabarstytą paviršių pabarstykite miltais ir iškočiokite tešlą. Glostykite arba iškočiokite iki 1/2 colio storio. Kad išvengtumėte švaistymo, naudokite 3 colių sausainių pjaustytuvą, kad iškirptumėte apskritimus arti vienas kito.
h) Prieš kepdami, uždenkite lakštą drėgnu skudurėliu ir leiskite jiems pakilti, kol masė padidės dvigubai, maždaug 30 minučių.
i) Įkaitinkite aliejų didelėje keptuvėje arba olandiškoje orkaitėje iki 350 laipsnių F. Į aliejų įdėkite kelias kylančias spurgas viršutine

puse žemyn (sausa puse) ir kepkite 2–3 minutes arba tol, kol dugnas taps auksinės spalvos.

j) Apverskite juos ir kepkite dar 1–2 minutes arba iki auksinės rudos spalvos. Įsitikinkite, kad aliejus netaptų per karštas, kad išorė neparuduotų prieš užbaigiant vidų. Patikrinkite kietą, kad pamatytumėte, ar jis visiškai iškepęs. Atitinkamai turi būti sureguliuotas kepimo laikas ir aliejaus karštis.

k) Dar šiltą apvoliokite granuliuotame cukruje. Jei norite jas užpildyti, spurgos šone padarykite skylutę ir konditeriniu maišeliu įspauskite į ją didelį gabalėlį pasirinkto įdaro. Tada užpildytą spurgą pabarstykite granuliuotu cukrumi, konditerių cukrumi arba glajumi.

17.Angelo sparnai

INGRIDIENTAI:

- 2 stiklinės miltų
- 1 valgomasis šaukštas cukraus
- 1/4 arbatinio šaukštelio druskos
- 3-5 šaukštai kokosų grietinėlės
- 1 valgomasis šaukštas spirito
- 1/2 arbatinio šaukštelio vanilės
- 1 arbatinis šaukštelis citrusinių vaisių žievelės (nebūtina)
- Veganiški taukai, skirti kepti
- cukraus pudros, apibarstymui

INSTRUKCIJOS:

a) Sumaišykite miltus, cukrų ir druską.
b) Atskirame dubenyje sumaišykite 3 šaukštus grietinėlės, spirito, vanilės ir žievelės.
c) Šlapius ingredientus sudėkite į sausą ir plakite, kol tešla susimaišys, jei reikia, įpilkite dar šiek tiek grietinėlės.
d) Iškočiokite kuo ploniau
e) Supjaustykite 1 x 4 colių juostelėmis, kiekvienos juostelės centre padarykite plyšį.
f) Ištraukite vieną galą per plyšį, kad atrodytumėte susukti
g) Įkaitinkite taukus iki 350°F.
h) Kepkite dalimis iki auksinės rudos spalvos, apversdami, kad apkeptų iš abiejų pusių. Nusausinkite ant popierinių rankšluosčių.
i) Ant viršaus pabarstykite cukraus pudrą.

18.Ukrainietiška pica

INGRIDIENTAI:
- 1 arbatinis šaukštelis kokosų sviesto
- ½ svogūno, kubeliais
- 1 (4 uncijos) skardinė supjaustytų grybų, nusausintų
- Druska ir pipirai (pagal skonį)
- ½ prancūziško batono, perpjauto per pusę išilgai
- 1 vnt veganiško sūrio
- Kečupas (į viršų)

INSTRUKCIJOS:
a) Įkaitinkite orkaitę iki 400 laipsnių pagal Farenheitą.
b) Didelėje nepridegančioje keptuvėje įkaitinkite aliejų. Pakepinkite svogūnus ir grybus 5 minutes arba kol suminkštės. Pagardinkite druska ir pipirais pagal skonį.
c) Ant kepimo skardos išdėliokite batono puseles (arba duonos riekeles). Ant viršaus uždėkite grybų mišinį ir veganišką sūrį.
d) Kepkite 10 minučių arba tol, kol veganiškas sūris taps auksinės rudos spalvos ir išsilydys.
e) Patiekite su kečupu ant šono.

19. Vegan Pierogi Bites

INGRIDIENTAI:
- 14 veganiškos šoninės griežinėlių, perpjautų per pusę
- 12 uncijų mini bulvių pierogės, atšildytos
- 1/4 puodelio šviesiai rudojo cukraus

INSTRUKCIJOS:

a) Įkaitinkite orkaitę iki 400°F. Kepimo purkštuvu uždenkite kepimo skardą su apvadu.

b) Apvyniokite veganišką šoninę aplink kiekvieno pierogio centrą ir padėkite ant kepimo skardos. Rudasis cukrus turi būti tolygiai paskirstytas.

c) Kepkite nuo 18 iki 20 minučių 350 ° F temperatūroje.

20.Baguette su grybais

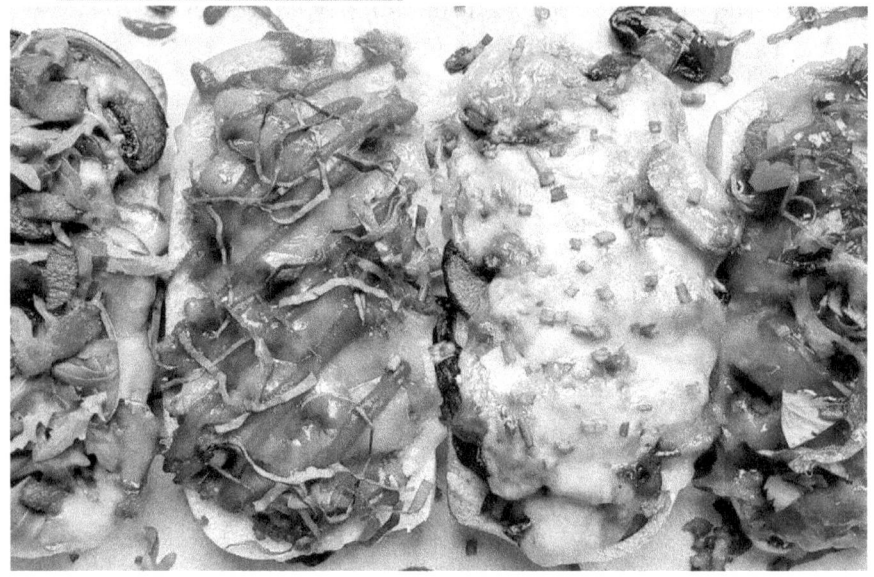

INGRIDIENTAI:

- 1 bagetė
- 10 oz. (300 g) grybų
- 1 mažas svogūnas
- 5 uncijos. (150 g) veganiško sūrio
- 1 šaukštas rapsų aliejaus (kepimui)
- 2 šaukštai pomidorų kečupo

INSTRUKCIJOS:

a) Įkaitinkite orkaitę iki 400 laipsnių pagal Farenheitą.
b) Išilgai supjaustykite batoną. Dar šiek tiek ištraukite.
c) Grybus nuplaukite, nusausinkite ir supjaustykite mažais gabalėliais.
d) Nulupę svogūną supjaustykite nedideliais gabalėliais.
e) Įkaitinkite keptuvę ir supilkite aliejų. 7-10 minučių pakepinkite susmulkintą svogūną ir grybus. Druska ir pipirai pagal skonį.
f) Paruoškite veganišką sūrį sutarkuodami.
g) Į batonus sudėkite pakepintą svogūną ir grybus. Uždenkite veganišku sūriu, kuris buvo susmulkintas.
h) Įkaitinkite orkaitę iki 350°F ir kepkite iki auksinės rudos spalvos (apie 8-10 minučių).

21.Veganiškos sūrio bandelės

INGRIDIENTAI:
TEŠLA
- 4 puodeliai universalių miltų
- 2 pakeliai tirpių sausų mielių (5 arbatiniai šaukšteliai)/ arba 9-10 arbatinių šaukštelių šviežių mielių
- 1/3 puodelio cukraus
- 1/3 puodelio kokosų sviesto
- 1/2 arbatinio šaukštelio druskos

UŽPILDYMAS
- 2 puodeliai veganiško sūrio
- 1/3 puodelio kokosų sviesto
- 1/2 puodelio cukraus pudros
- razinos

INSTRUKCIJOS:
PAGAMINTI TEŠLĄ

a) Dubenyje sumaišykite miltus, greitas sausas mieles, cukrų ir druską. Supilkite ištirpintą kokosų sviestą.

b) Jei naudojate šviežias mieles, pirmiausia sumaišykite jas su cukrumi ir nedideliu kiekiu šviežio augalinio pieno. Po to sumaišykite visus likusius ingredientus.

c) Užminkykite tešlą. Į didelį maišymo dubenį iki pusės įpilkite miltų. Sudėkite tešlą į dubenį, uždenkite virtuviniu rankšluosčiu arba rankšluosčiu ir laikykite šiltai.

d) Palaukite, kol tešla padvigubės, maždaug 1–1,5 valandos.

PAGAMINK ĮDAŽĄ

e) Sumaišykite visus įdaro ingredientus.

f) Dvi skardas išklokite kepimo popieriumi.

g) Padalinkite tešlą į 10-12 dalių, kai ji bus paruošta.

h) Suformavę apvalias bandeles dėkite ant formelių.

i) Virkite keptuves virtuviniu rankšluosčiu / audeklu ir padėkite į šiltą vietą dar 40 minučių.

j) Įkaitinkite orkaitę iki 392 laipsnių pagal Farenheitą (200 laipsnių Celsijaus).

k) Po 40 minučių bandelėse su trupučiu stiklinės padarykite duobutes.

l) Į įdubimų vidų sudėkite kremą.

m) Pabarstykite razinomis ant kiekvienos bandelės viršaus, jei jas naudojate.

n) Įkaitinkite orkaitę iki 350 ° F ir kepkite 15 minučių.

22. Hanky Panky

INGRIDIENTAI:
- 1 ¼ svarų. žemės seitanas
- 1 svaras veganiškas sūris
- 1 arbatinis šaukštelis malto raudonėlio
- 1 arbatinis šaukštelis česnako miltelių
- ½ arbatinio šaukštelio maltų raudonųjų pipirų
- 1 žiupsnelis pankolio sėklų
- 1 kepalų vakarėlis ruginė duona kartais vadinama kokteiline rugine duona

INSTRUKCIJOS:
a) Įkaitinkite orkaitę iki 400°F.
b) Į didelę keptuvę ant vidutinės-stiprios ugnies suberkite maltą seitaną. Virkite nuolat maišydami, kol apskrus.
c) Į mišinį įpilkite raudonėlio, česnako miltelių, grūstų raudonųjų pipirų ir pankolių sėklų.
d) Sūrį supjaustykite kubeliais ir sumaišykite su seitano mišiniu. Maišykite, kol sūris išsilydys ir mišinys gerai susimaišys.
e) Mažu ledų samteliu (apie 114 colių skersmens) arba šaukštu ant kiekvieno duonos gabalėlio uždėkite po šaukštelį seitano ir sūrio mišinio.
f) Kepkite 8–10 minučių arba kol duona apskrus ir užpilas burbuliuosis, ant sausainių skardos.
g) Patiekite kambario temperatūros arba šiltą.

23.Grybų grikių dubuo

INGRIDIENTAI:
- 2 svogūnai
- 1 morka
- 2 česnako skiltelės
- 45 g kokosų sviesto
- 150 g grybų
- 150 g grikių
- 1 lauro lapas
- 1 daržovių sultinio kubelis
- Krapų sauja, tik lapai
- 50 g raketa
- 150 g augalinio jogurto
- Jūros druska
- Šviežiai malti pipirai
- 1 arbatinis šaukštelis alyvuogių aliejaus
- 400 ml verdančio vandens

INSTRUKCIJOS:

a) Nulupę svogūnus supjaustykite juos smulkiais griežinėliais. Morkas reikia nulupti ir smulkiai pjaustyti. Česnaką reikia nulupti ir sutarkuoti arba susmulkinti.
b) Į keptuvę suberkite svogūnus, kokosų sviestą ir šiek tiek druskos bei pipirų. Virkite ir maišykite 5–8 minutes arba tol, kol svogūnas taps purus ir įgaus giliai auksinę spalvą – sumažinkite ugnį, jei jis per daug ar per greitai ruduoja.
c) Į keptuvę sudėkite morkas, česnaką ir grybus ir išmaišykite, kad susimaišytų. Virkite 5 minutes, retkarčiais pamaišydami, kol grybai suminkštės.
d) Sudėkite grikius ir lauro lapą ir išmaišykite, kad susimaišytų. Supilkite į kubą. Į puodą supilkite 400 ml verdančio vandens.
e) Troškinkite 12-15 minučių arba tol, kol vanduo išgaruos ir grikiai bus minkšti, bet vis dar tvirti.
f) Nuo krapų šakelių nuskinkite minkštus lapelius ir stambiai supjaustykite, kol grikiai troškins. Raketą supjaustykite mažais gabalėliais.
g) Paragaukite grikius ir, jei norite, įberkite druskos ar pipirų. Šakute įmeskite didžiąją dalį krapų ir raketą. Įkaitintus dubenėlius iki pusės pripildykite grikiais.
h) Papuoškite šaukštu augalinio jogurto ir likusia raketa bei krapais.

24. S mažai skrudinti porai

INGRIDIENTAI:

- 4 porai
- ¼ puodelio alyvuogių aliejaus
- 1 valgomasis šaukštas jūros druskos

INSTRUKCIJOS:

a) Supilkite porus su alyvuogių aliejumi ir druska dideliame dubenyje, kol jie gerai apskrus. Porus dėkite nupjauta puse žemyn ant paruoštos kepimo skardos.

b) Kepimo skardą atsargiai įvyniokite į foliją – ji neturi būti visiškai sandari, bet turi būti kuo sandaresnė. Grąžinkite kepimo skardą į orkaitę ir sumažinkite temperatūrą iki 300 laipsnių.

c) Kepkite 15–30 minučių arba kol porai suminkštės. Išimkite lakštą iš orkaitės ir apverskite porus. Grąžinkite į orkaitę, padidinkite temperatūrą iki 400°F ir kepkite 15-20 minučių arba kol taps traškūs ir auksinės rudos spalvos.

25.Rūkytas svogūnas ir aguonos b skaitykite ritinį

INGRIDIENTAI:

- svogūnas 1 didelis, nuluptas ir storai supjaustytas
- aktyvių džiovintų mielių 1 arbat
- stiprios baltos duonos miltų 300g
- paprastų miltų 175g, plius dar dulkėjimui
- jūros druskos 1½ šaukštelio
- paprasti miltai 50g
- aktyvių džiovintų mielių ½ arbatinio šaukštelio
- alyvuogių aliejaus 1 valgomasis šaukštas
- rūkytos jūros druskos ¼ arbatinio šaukštelio
- saldžios rūkytos paprikos ¼ arbatinio šaukštelio
- aguonų 1 arbatinis šaukštelis, plius žiupsnelis papildomai pabarstymui
- keli žiupsneliai sezamo sėklų

INSTRUKCIJOS:

a) Maišymo inde sumaišykite miltus ir mieles su 50 ml šilto vandens, tada uždenkite maistine plėvele ir palikite nakčiai.

b) Tešlą pradėkite kitą dieną, svogūną sudėkite į nedidelę keptuvę su 150 ml vandens. Vandenį pašildykite, kol jis tik pradės burbuliuoti, tada nukelkite nuo ugnies.

c) Išimkite iš orkaitės ir atidėkite, kad atvėstų iki kambario temperatūros. Supilkite vandenį į matavimo ąsotį ir įsitikinkite, kad jis yra 150 ml; jei ne, pridėkite daugiau. Svogūnus atidėkite vėliau.

d) Tuo tarpu maišymo dubenyje sumaišykite mieles ir 100 ml šilto vandens ir palikite 10–15 minučių arba kol suputos.

e) Supilkite miltus į stovo maišytuvą su tešlos kabliu ir supilkite starterį bei svogūnų vandenį, kai mielių mišinys suputos.

f) Pradėkite maišyti mažu greičiu, kad susimaišytų tešla, tada padidinkite iki vidutinio greičio ir minkykite tešlą 5 minutes.

g) Įdėjus druskos, minkykite dar minutę.

h) minkyti 10-15 minučių ant lengvai miltais pabarstyto darbinio paviršiaus rankomis). Leiskite tešlai padvigubėti šiltoje aplinkoje iki 2 valandų, uždengtą aliejumi patepta maistine plėvele.

i) Kelis kartus permuškite tešlą, kad ji atsimuštų, tada supjaustykite į 8 lygias dalis.
j) Tešlą iškočiokite į plokščius apskritimus, viduryje iškirsdami skylutes, kad būtų galima įdaru, ir dėkite ant miltais pabarstytos kepimo skardos.
k) Kai suformuosite visas formas, laisvai uždenkite maistine plėvele arba drėgnu rankšluosčiu. Leiskite kilti dar 20 minučių, kol taps purūs ir apvalūs.
l) Kol tešla kyla, gaminkite įdarą. Smulkiai supjaustykite blanširuotą svogūną ir sudėkite į nedidelę keptuvę su aliejumi. Kepkite, kol išsilydys ir taps auksinės spalvos, tada nuolat maišydami suberkite rūkytą jūros druską ir papriką. Virkite dar kelias minutes, tada suberkite aguonas ir žiupsnelį juodųjų pipirų. Saunus
m) Įkaitinkite orkaitę iki 220 laipsnių Celsijaus / ventiliatorius 200 laipsnių Celsijaus / dujos 7. Kai suktinukai bus paruošti kepti, į kiekvieno vidurį įdėkite apie 1 valgomąjį šaukštą svogūnų, o ant viršaus pabarstykite aguonomis ir sezamo sėklomis.
n) Ant suktinukų uždėkite apverstą gilią skardą, o ant viršaus uždėkite orkaitei atsparų svarelį – didelę kepimo formą ar net bloką.
o) Kepkite 15 minučių, tada išimkite formą ir toliau kepkite dar 5-8 minutes, kol suktinukai taps švelniai auksiniai.

26. Kokoso spurga

INGRIDIENTAI:
- 1 1/3 puodelio kokoso augalinio pieno
- 1/3 stiklinės cukraus
- 2 kupinų arbatinių šaukštelių mielių
- 1/2 arbatinio šaukštelio druskos
- 1 arbatinis šaukštelis vanilės
- Keli kokteiliai muskato riešuto ir kardamono (nebūtina)
- 2 3/4 puodeliai universalių miltų

INSTRUKCIJOS:
a) Dideliame dubenyje sumaišykite visus ingredientus, išskyrus miltus.
b) Tešlą minkykite tik tiek, kad ji susimaišytų.
c) Uždenkite dubenį plastikine plėvele ir palikite pakilti 2 valandas arba kol padvigubės.
d) Tešlą švelniai išpilkite ant miltais pabarstytos lentos . Iškočioję supjaustykite apskritimais iki 1/2 colio storio.
e) Sudėkite spurgas ant kepimo popieriumi išklotos skardos, pabarstyto miltais. Uždenkite plastikine plėvele ir atidėkite dar valandai, kad pakiltų.
f) Keptuvėje įkaitinkite šiek tiek augalinio aliejaus.
g) Kepkite 2-3 minutes iš kiekvienos pusės, tada nusausinkite ant popierinių rankšluosčių, kad atvėstų prieš užpildydami.
h) Naudodami konditerinį maišelį ir vamzdelio antgalį, užpildykite uogiene arba kremu ir apvoliokite milteliniame arba granuliuotame cukruje. Mėgautis!

27. Kolrabi šnicelis

INGRIDIENTAI:
- 1 didelis kaliaropis
- kepimo aliejaus
- 1/4 puodelio universalių miltų
- 1/2 stiklinės vandens
- 1/2 arbatinio šaukštelio paprikos miltelių
- 1/2 arbatinio šaukštelio druskos

KEPIMAS
- 1/3 puodelio duonos trupinių
- 1/2 arbatinio šaukštelio druskos
- 1/2 arbatinio šaukštelio paprikos miltelių
- 1 arbatinis šaukštelis susmulkintų moliūgų sėklų (nebūtina)
- 1 arbatinis šaukštelis sezamo sėklų (nebūtina)

INSTRUKCIJOS:

a) Nuplaukite kaliaropes ir pašalinkite likusius lapus. kaliaropes reikia supjaustyti 4–6 griežinėliais (maždaug 1/3 colio storio). Daržovių skustuvu nuimkite išorinį sluoksnį.

b) Dideliame puode užvirinkite vandenį ir suberkite kaliaropių griežinėlius. Leiskite virti 10 minučių. Centre jie turėtų pradėti tapti permatomi. Tada nusausinkite, nusausinkite popieriniais rankšluosčiais ir palikite atvėsti.

c) Atskirame dubenyje sumaišykite kepimo ingredientus.

d) Kalaropių skilteles aptepkite keptuvėje, kai jos bus pakankamai atvėsusios, kad jas būtų galima apdoroti.

e) Didelėje keptuvėje įkaitinkite aliejų (tiek, kad apsemtų dugną) ir suberkite panardintą ropinį šnicelį. Kepkite maždaug 5 minutes iš kiekvienos pusės ant vidutinės-stiprios ugnies. Iš abiejų pusių jie turi būti auksiniai ir traškūs.

f) Padėkite juos ant popierinio rankšluosčio, kad po kepimo susigertų aliejaus perteklius ir mėgaukitės!

28. Blynai su mielėmis

INGRIDIENTAI:
- 225 g universalių miltų
- 240 ml šilto augalinio pieno
- 1⅛ arbatinio šaukštelio greito veikimo mielių apytiksliai. 4 g
- 1 šaukštas cukraus
- Žiupsnelis druskos
- 5 šaukštai augalinio aliejaus
- Dėl kompoto
- 1,5 stiklinės šviežių arba šaldytų uogų
- 1 valgomasis šaukštas klevų sirupo
- ¼ arbatinio šaukštelio vanilės pupelių pastos arba ekstrakto

INSTRUKCIJOS:
a) Įkaitinkite orkaitę iki žemiausio įmanomo nustatymo.
b) Dideliame dubenyje sumaišykite mieles ir cukrų su šiltu augaliniu pienu apie 30 sekundžių.
c) Suberkite miltus, įberkite žiupsnelį druskos ir maišykite 2-3 minutes. Uždenkite dubenį audiniu ir padėkite į orkaitės vidurį 50-60 minučių, kol padvigubės.
d) Didelėje keptuvėje įkaitinkite 1–2 arbatinius šaukštelius aliejaus, tada sumažinkite ugnį ir įdėkite į keptuvę šaukštą tešlos (jos neperpildykite). Tešla bus lipni.
e) Kepkite blynus maždaug 2½ minučių iš kiekvienos pusės ant mažos ugnies. Patiekite iš karto.
f) Norėdami paruošti vaisių kompotą, sumaišykite vaisius, klevų sirupą ir vanilę puode ir virkite 5 minutes ant vidutinės ugnies arba tol, kol vaisiai suminkštės ir pradės išskirti sultis.

29.Užkandis su slyvomis

INGRIDIENTAI:
- 10 (350 g) bulvių išvirti, atvėsinti ir nulupti
- 1/2 stiklinės avižinių miltų
- 1/4 puodelio obuolių padažo
- 12-14 arba 7-8 slyvos

INSTRUKCIJOS:
a) Išvirkite bulves ir atvėsinkite.
b) Jei naudojate dideles slyvas, perpjaukite jas per pusę.
c) Naudodami bulvių trintuvą, apdorokite bulves.
d) Sumaišykite bulvinius ryžius, avižinius miltus ir obuolių padažą, kol susidarys tvirta tešla.
e) Tešlą iškočiokite ant lygaus paviršiaus ir supjaustykite į 12-14 vienodo dydžio apvalių gabalėlių.
f) Mažiems apskritimams iškočiokite tešlą.
g) Uždarykite kiekvieną apskritimą įdėdami slyvos / slyvos pusę centre.
h) Dideliame puode užvirinkite vandenį.
i) Virkite apie 5 minutes, kai tik pasieks vandens paviršių.

30.Veganiški blyneliai su slyvų sviestu

INGRIDIENTAI:
- 355 ml skardinės sodos
- 1,5 stiklinės augalinio pieno
- 2 šaukštai rapsų aliejaus
- 2 puodeliai AP miltų
- žiupsnelis druskos
- aliejaus keptuvės tepimui
- slyvų sviestas įdarui (arba uogienė)

INSTRUKCIJOS:
a) Dubenyje sumaišykite visus ingredientus.
b) Įkaitinkite keptuvę ant stiprios ugnies 2–4 minutes arba kol labai įkais. Lengvai aptepę keptuvę aliejumi, sumažinkite ugnį iki vidutinės.
c) Į keptuvę supilkite ploną tešlos sluoksnį ir tolygiai paskirstykite per dugną. Apverskite krepą, kai tik kraštai ims nulupti nuo keptuvės ir kepkite dar minutę ar dvi.
d) Supilkite blynelius į lėkštę ir atidėkite kelioms minutėms atvėsti. Uždenkite juos nedideliu kiekiu jūsų pasirinkto slyvų sviesto arba uogienės ir susukite arba sulenkite į trikampį.

SRIUBOS IR SALOTOS

31.Ukrainietiška burokėlių sriuba

INGRIDIENTAI:
- 4 vidutinio dydžio pomidorai
- 4 šaukštai sviesto
- 1 stiklinės svogūnų; smulkiai supjaustyta
- 2 česnako skiltelės, nuluptos; smulkiai supjaustyta
- 1 svaras Burokėliai, nupjauti nuo lapų, nulupti, stambiai sutarkuoti
- ½ saliero šaknis, nulupta; stambiai sutarkuota
- 1 petražolių šaknis, nulupta; stambiai sutarkuota
- 1 pastarnokas, nuluptas; stambiai sutarkuota
- ½ arbatinio šaukštelio cukraus
- ¼ puodelio raudonojo vyno acto
- 1 valgomasis šaukštas druskos
- 2 litrai jautienos sultinio, šviežio arba konservuoto
- 1 svaras verdančių bulvių, nuluptų; supjaustyti 1 1/2 colio gabalėliais
- 1 svaras kopūstų, be šerdies; stambiai susmulkinti
- 1 svaras virtos krūtinėlės arba 1 svaras virto kumpio, supjaustyto 1 colio gabalėliais
- 3 šaukštų petražolių; smulkiai supjaustyta
- ½ pintos grietinės

INSTRUKCIJOS:

a) Pomidorus 15 sekundžių nuleiskite į verdantį vandenį. Paleiskite juos po šaltu vandeniu ir nulupkite. Iškirpkite stiebą, tada perpjaukite juos per pusę skersai.

b) Puses švelniai suspauskite, kad neliktų sulčių ir sėklų, tada stambiai supjaustykite ir atidėkite.

c) 10–12 colių keptuvėje arba puode ant vidutinės ugnies ištirpinkite sviestą, sudėkite svogūnus ir česnaką ir, dažnai maišydami, virkite 6–8 minutes arba tol, kol jie suminkštės ir taps šviesios spalvos. Įmaišykite burokėlius, saliero šaknį, petražolių šaknį, pastarnoką, pusę pomidorų, cukrų, actą, druską ir 1½ puodelio sultinio. Užvirinkite ant stiprios ugnies, tada iš dalies uždenkite puodą ir sumažinkite ugnį. Troškinkite 40 minučių.

d) Tuo tarpu likusį sultinį supilkite į 6–8 qt troškintuvą ir sudėkite bulves bei kopūstus. Užvirkite, tada troškinkite iš dalies uždengtą 20 minučių arba tol, kol bulvės suminkštės, bet nesubyrės.
e) Kai daržovių mišinys iškeps numatytą laiką, sudėkite į troškintuvą su likusiais pomidorais ir mėsa. Troškinkite iš dalies uždengę 10–15 minučių, kol barščiai įkais.
f) Paragaukite prieskonių. Supilkite į tešlą, pabarstykite petražolėmis ir patiekite su grietine.

32. Ukrainietiški agurkų ir citrinų barščiai

INGRIDIENTAI:
- 4 puodeliai nuluptų, be sėklų agurkų --
- Stambiai sukapoti
- 2 mažų citrinų sultys
- 1 arbatinis šaukštelis Žolelių druskos pakaitalas arba
- Jūros druska
- 1 valgomasis šaukštas medaus
- 1 puodelis neriebaus paprasto jogurto
- 1 puodelis šaltinio vandens
- 1 puodelis malto kalakutienos kumpio
- 1 didelis pomidoras - supjaustytas
- Žolelių druskos pakaitalas ir
- Baltieji pipirai - pagal skonį
- Šviežios krapų šakelės ir rūgštūs
- Kremas - papuošimui

INSTRUKCIJOS:

a) Agurkus, citrinos sultis, druskos pakaitalą, medų, jogurtą ir vandenį sudėkite į maišytuvą ir sutrinkite iki vientisos masės. Sudėkite maltą kumpį. Supilkite sriubą į didelį dubenį, uždenkite plastikine plėvele ir šaldykite per naktį (8–12 valandų).

b) Ryte pomidorus sutrinkite ir sudėkite į sriubą. Paragaukite prieskonių ir, jei reikia, įdėkite daugiau druskos ir pipirų.

c) Sriubą patiekite atvėsintuose dubenėliuose su šviežių krapų garnyru ir šlakeliu grietinės.

33.Rūgščių agurkų sriuba

INGRIDIENTAI:
- 6 puodeliai daržovių sultinio
- 1 ½ puodelio susmulkintų morkų
- ½ puodelio kubeliais pjaustytų salierų
- 1 puodelis nuskustų šviežių bulvių, supjaustytų kubeliais
- 1 puodelis česnako arba krapų marinuotų agurkų, susmulkintų
- Miltų, pagal poreikį (apie ¼ puodelio)

INSTRUKCIJOS:
a) Dideliame puode greitai užvirinkite sultinį, tada sumažinkite ugnį iki minimumo ir leiskite užvirti. Troškinkite 15 minučių su morkomis, salierais ir bulvėmis.
b) Troškinkite 30 minučių arba tol, kol bulvės išvirs, prireikus pridėkite marinuotų agurkų. Jei norite tirštesnės sriubos, pasigaminkite pastą su lygiomis dalimis miltų ir vandens.
c) Lėtai supilkite pieną, nuolat maišydami, kol sriuba lengvai sutirštės.

34. Barščiai

INGRIDIENTAI:
- 2 kekės burokėlių su žalumynais (apie 8-9 vidutiniai burokėliai)
- ½ stiklinės susmulkinto svogūno
- 1 svaro skardinė troškintų pomidorų
- 3 šaukštai šviežių citrinų sulčių
- ⅓ puodelio veganiško granuliuoto saldiklio

INSTRUKCIJOS:
a) Nuplaukite ir nuvalykite burokėlius, bet palikite odeles. Saugokite žalumynus. Dideliame puode sumaišykite burokėlius, svogūną ir 3 litrus vandens.
b) Virkite vieną valandą arba tol, kol burokėliai taps itin minkšti. Išimkite burokėlius iš vandens, bet NEIŠMESTI VANDENS. Išmeskite svogūnus.
c) Smulkiai supjaustę burokėlius grąžinkite į vandenį. Prieš dedant į vandenį žalumynus reikia nuplauti ir susmulkinti. Dubenyje sumaišykite pomidorus, citrinos sultis ir saldiklį. Virkite 30 minučių ant vidutinės ugnies arba tol, kol žalumynai suminkštės.
d) Prieš patiekdami, atvėsinkite mažiausiai 2 valandas.

35.Braškių / mėlynių sriuba

INGRIDIENTAI:
- 1 svaras šviežių braškių arba mėlynių, gerai išvalytų
- 1 ¼ stiklinės vandens
- 3 valgomieji šaukštai veganiško granuliuoto saldiklio
- 1 valgomasis šaukštas šviežių citrinų sulčių
- ½ puodelio sojos arba ryžių kavos grietinėlės
- Nebūtina: 2 puodeliai virtų, atvėsintų makaronų

INSTRUKCIJOS:
a) Vidutiniame puode sumaišykite vaisius su vandeniu ir pakaitinkite iki greito užvirimo.
b) Sumažinkite ugnį iki minimumo, uždenkite ir virkite 20 minučių arba tol, kol vaisiai bus labai minkšti.
c) Sutrinkite trintuvu iki vientisos masės. Grąžinkite tyrę į puodą ir įmaišykite cukrų, citrinos sultis ir grietinėlę. Išmaišę leiskite užvirti 5 minutes.
d) Prieš patiekdami sriubą atvėsinkite mažiausiai 2 valandas.
e) Ši sriuba tradiciškai patiekiama viena arba su šaltais makaronais.

36.Kopūstų sriuba

INGRIDIENTAI:
- 2 šaukštai margarino
- 2 puodeliai susmulkintų žalių kopūstų
- ½ arbatinio šaukštelio juodųjų pipirų
- 3 puodeliai vandens
- 2 puodeliai nuskustų ir kubeliais pjaustytų bulvių
- ½ puodelio kapotų šviežių pomidorų

INSTRUKCIJOS:

a) Sriubos puode ištirpinkite margariną.
b) Suberkite kopūstą ir pipirus ir kepkite apie 7 minutes arba kol kopūstas paruduos.
c) Supilkite bulves, pomidorus ir vandenį; uždenkite ir virkite 20 minučių arba tol, kol bulvės išvirs.

37.Saldus ir rūgštus raudonasis kopūstas

INGRIDIENTAI:
- 3 puodeliai susmulkintų raudonųjų kopūstų
- ½ puodelio nulupto ir supjaustyto pyrago obuolio, pavyzdžiui, Granny Smith
- 2 puodeliai verdančio vandens
- 1 valgomasis šaukštas obuolių sulčių koncentrato
- ½ arbatinio šaukštelio maltų kvapiųjų pipirų
- 4 šaukštai acto

INSTRUKCIJOS:
a) Dideliame puode sumaišykite visus ingredientus.
b) Greitai užvirkite, tada sumažinkite ugnį iki minimumo ir virkite, kol kopūstai suminkštės, maždaug 20 minučių.

38.B augintas raudonasis kopūstas su avietėmis

INGRIDIENTAI:
- 6 puodeliai plonais griežinėliais pjaustytų raudonųjų kopūstų
- 8 uncijos. / 225 g šviežių arba šaldytų aviečių
- 4 šaukštai kokosų sviesto
- 3 šaukštai universalių miltų
- 6 kadagio uogos
- 1/4 arbatinio šaukštelio maltų kvapiųjų pipirų
- 6-8 pipirų grūdeliai sveiki
- 2 lauro lapai
- 2 šaukštai acto
- 1 1/2 puodelio vandens + dar 1/2, jei reikia
- 1/2 puodelio sauso raudonojo vyno
- Druska ir cukrus pagal skonį

INSTRUKCIJOS:
a) Smulkiai supjaustykite kopūstą (naudokite virtuvinį kombainą, kad gabalėlis būtų lygus ir plonas).
b) Dideliame puode ištirpinkite kokosų sviestą. Kol kokosų sviestas tirpsta, suberkite kadagio uogas, prieskonius, pipirų žirnelius ir lauro lapus. Kai jis visiškai ištirps, suberkite miltus ir išmaišykite iki vientisos masės.
c) Supilkite kopūstus, avietes, actą, raudonąjį vyną, 1 1/2 puodelio vandens ir 1 arbatinį šaukštelį druskos. Kruopščiai išmaišykite, uždenkite ir troškinkite apie 10 minučių ant vidutinės ugnies.
d) Išmaišę ragaukite. Jei padažas nėra pakankamai saldus, įberkite 1 arbatinį šaukštelį cukraus ir pagal poreikį pakoreguokite druskos.
e) Virkite dar 10-20 minučių arba kol skoniai susimaišys.

39. Daržovių sriuba

INGRIDIENTAI:
- sriubos daržovės (2 morkos, ½ saliero šaknis, 1 poras, šviežios petražolės)
- 1 puodelis (100 g) žiedinių kopūstų žiedynų
- ½ puodelio (50 g) virtų kukurūzų
- druskos ir pipirų
- pasirinktinai: sultinio kubeliai, svogūnai

INSTRUKCIJOS:
a) Dideliame puode užvirinkite 2 litrus (2 litrus) vandens.
b) Morkas, saliero šaknį ir porą supjaustykite 6 mm (1/4 colio) griežinėliais. Sumažinkite ugnį iki minimumo ir į verdantį vandenį sudėkite griežinėliais pjaustytas daržoves , žiedinius kopūstus ir kukurūzus.
c) Pagardinkite druska ir pipirais pagal skonį ir troškinkite apie 40 minučių ant vidutinės ugnies.
d) Papuoškite kubeliais pjaustytais petražolių žiedeliais.

40. Pomidorų sriuba

INGRIDIENTAI:
- 2 litrų sultinio
- 2 šaukštai kokosų grietinėlės
- 1 šaukštas miltų
- 5 uncijos. (150 ml) pomidorų pastos
- druskos ir pipirų
- Krapai

INSTRUKCIJOS:
a) Iš sriubinių daržovių (2 morkų, 12 svogūnų, 12 saliero šaknų, 1 poro, daugybės petražolių stiebelių) sultinį nukoškite ir skystį palikite.
b) Kokosų grietinėlę sumaišykite su miltais, tada supilkite į sultinį kartu su pomidorų pasta.
c) Užvirinkite ant stiprios ugnies, pagardinkite druska ir pipirais, papuoškite krapais.
d) Kad sriuba būtų sotesnė, galima įdėti ryžių ar makaronų.

41. Marinuota sriuba

INGRIDIENTAI:
- 3 bulves
- 1 sultinio kubelio
- 1 valgomasis šaukštas kokosų sviesto
- 2 dideli marinuoti agurkai, smulkiai supjaustyti
- 1 puodelis (250 ml) marinuotų agurkų sulčių
- 2 šaukštai kokosų grietinėlės
- 1 šaukštas miltų
- druskos
- Krapai

INSTRUKCIJOS:

a) Bulves nulupkite ir supjaustykite 1,3 cm kubeliais, tada išvirkite su sultinio kubeliu ir kokosų sviestu 2 litrais (2 l) vandens.

b) Maždaug po 20 minučių, kai bulvės pradės minkštėti, sudėkite smulkiai pjaustytus raugintus agurkus ir marinuotų agurkų sultis.

c) Atskirame dubenyje sumaišykite kokosų grietinėlę ir miltus, tada palaipsniui įpilkite 3 šaukštus ant ugnies verdančio sultinio. Tada grąžinkite mišinį į sriubą ir vėl užvirinkite.

d) Pagal skonį įberkite druskos ir kubeliais pjaustytų krapų (tačiau pirmiausia paragaukite sriubos, kad įsitikintumėte, jog raugintų agurkų sultys nėra per daug).

e) Vietoj bulvių galima naudoti ryžius. Kai sriuba bus paruošta, praleiskite 1 veiksmą ir įpilkite 3 puodelius virtų ryžių.

42.Rūgšti ruginė sriuba

INGRIDIENTAI:
- 2 kv. sultinio
- 2 stiklinės raugintų ruginių miltų
- 2 šaukštai miltų
- Druska
- 2 česnako skiltelės
- pasirinktinai: grybai

INSTRUKCIJOS:
a) Sriubos daržoves išvirkite 2 litrais vandens, kad susidarytų sultinys. Jei norite, taip pat galite pridėti šiek tiek pjaustytų grybų.
b) Sriubą perkoškite per koštuvą, palikdami skystį, ir supilkite mišinį bei miltus į sultinį, kai daržovės suminkštės (maždaug 40 minučių).
c) Pagal skonį galite pagardinti druska.
d) Į sultinį suberkite smulkiai tarkuotą arba kubeliais supjaustytą česnaką.

43. Atšaldyta burokėlių sriuba

INGRIDIENTAI:

- 1 ryšelis burokėlių
- 1 agurkas
- 3-5 ridikėliai
- krapai
- Žirniai
- 1 kvortas paprasto augalinio jogurto
- druskos ir pipirų
- cukraus
- pasirinktinai: citrinos sultys

INSTRUKCIJOS:

a) Išimkite burokėlius iš kekės, smulkiai supjaustykite tik stiebus ir burokėlių lapus ir troškinkite apie 40 minučių nedideliame kiekyje vandens, kol suminkštės. Prieš patiekdami leiskite atvėsti.

b) Agurkai, ridikai, krapai ir česnakai turi būti smulkiai pjaustyti. Sumaišykite šiuos ingredientus , taip pat burokėlių mišinį, augaliniame jogurte ir gerai išmaišykite.

c) Pagal skonį pagardinkite druska, pipirais, cukrumi ir, jei norite, citrinos sultimis. Jei norite sklandesnės tekstūros, sriubą sutrinkite arba sutrinkite.

d) Patiekite atšaldytą su kubeliais pjaustytais krapais.

e) Ši sriuba tradiciškai gaminama tik iš burokėlių augalo stiebų ir lapų. Tačiau galite naudoti tik burokėlius. 1 svaras virtų burokėlių, smulkiai sutarkuotų ir sumaišytų su likusiais ingredientais

44. Vaisių sriuba

INGRIDIENTAI:
- 1 valgomasis šaukštas bulvių miltų
- 1 puodelis (250 ml) sultinio, atšaldytas
- 3 obuoliai
- 8 uncijos. (250 g) slyvų arba vyšnių
- ⅓–½ puodelio (75–115 g) cukraus

INSTRUKCIJOS:
a) Norėdami gauti srutą, pusę šalto sultinio sumaišykite su miltais.
b) Nulupę obuolius, slyvas ar vyšnias išvirkite 1½ litrų (1½ l) vandens. Kai vaisiai suminkštės, sutarkuokite smulkia tarka arba sutrinkite su vandeniu trintuvu ir pagal skonį pagardinkite cukrumi.
c) Dubenyje sumaišykite miltus ir sultinio srutas.
d) Supilkite sultinio mišinį, kol viskas tinkamai susimaišys.

45. Bulvių sriuba

INGRIDIENTAI:
- 1½ litro daržovių sultinio
- 2 svogūnai
- 2 porai
- 5 česnako skiltelės
- 3 šaukštai alyvuogių aliejaus
- 4 bulves
- žolelės: lauro lapai, čiobreliai, česnakai
- druskos ir pipirų

INSTRUKCIJOS:
a) Smulkiai supjaustykite svogūnus ir porus, tada supjaustykite ketvirčio colio (6 mm) žiedais ir pakepinkite alyvuogių aliejuje su supjaustytomis česnako skiltelėmis.
b) Nuvalę, nulupę ir išvalę bulves supjaustykite kubeliais.
c) Įdėkite bulves, žoleles, druską ir pipirus, kai svogūnai ir porai taps vidutiniškai rudi. Keletą minučių pamaišykite, tada užpilkite sultiniu ir virkite apie 30 minučių ant silpnos ugnies, kol bulvės suminkštės.
d) Sriubai atvėsus, sutrinkite trintuvu iki vientisos masės. Pagardinkite druska ir pipirais pagal skonį.

46. Citrinų sriuba

INGRIDIENTAI:

- 2 litrų sultinio arba sultinio
- ½–1 puodelio (95–190 g) baltųjų ryžių
- 2 citrinos
- druskos ir pipirų
- pasirinktinai: ½ puodelio kokoso kremo

INSTRUKCIJOS:

a) Išvirkite sultinį su 2 litrais (2 l) vandens ir sriubinių daržovių arba sultinio (2 morkos, 12 svogūnų, 1 salierai, 1 porai, daug petražolių stiebų).
b) Virkite ryžius tik sultinyje arba sultinio skystyje, kol jie taps purūs, maždaug 25 minutes.
c) Nulupkite 1 citriną, smulkiai supjaustykite ir su druska įberkite į verdančius ryžius.
d) Toliau maišykite sriubą, kol supilkite likusias citrinos sultis.
e) Virkite keletą minučių ant silpnos ugnies, pagal skonį pagardinkite druska ir pipirais.

47. Šparagų sriuba

INGRIDIENTAI:
- 1 svaras (450 g) baltųjų šparagų
- sriubos daržovės (2 morkos, 1 poras, ½ saliero šaknis, šviežios petražolės)
- 2 šaukštai kokosų sviesto
- ¼ puodelio (30 g) miltų
- druskos ir cukraus
- ½ puodelio (125 ml) kokoso kremo

INSTRUKCIJOS:
a) Nulupkite šparagų odeles ir nuvalykite šparagus. Virkite šparagų stiebus ir sriubos ingredientus , kol suminkštės, puode su 2 litrais (2 l) vandens. Sultinio skystį reikia išsaugoti.
b) Atskirai išvirkite šparagų galvutes nedideliame kiekyje vandens.
c) Šparagų stiebus sutrinkite ir smulkiai sutarkuokite.
d) Ištrintus šparagus sumaišykite su sriubos sultiniu.
e) Keptuvėje ištirpinkite kokosų sviestą ir įmaišykite miltus, kad ant silpnos ugnies susidarytų roux. Į sriubą verdant suberkite virtas šparagų galvutes, druską ir pipirus.
f) Pabaigoje patiekite su skrebučiais ir šaukšteliu kokosų kremo.

48. Burokėlių salotos

INGRIDIENTAI:
- 4 burokėliai
- 2 šaukštai krienų
- 1 arbatinis šaukštelis cukraus
- ⅓ puodelio (80 ml) vyno acto
- petražolės
- druskos ir pipirų

INSTRUKCIJOS:
a) Burokėlius nuvalykite ir virkite vandenyje apie 30 minučių arba kol suminkštės. Kai jie atvės, išimkite juos ir nulupkite.
b) Naudodami vidutines tarkavimo angas, sutarkuokite burokėlius.
c) Paruoškite padažą su krienais, cukrumi, actu, petražolėmis, druska ir pipirais, tada šakute sumaišykite su burokėliais.
d) Kad atvėstų, įdėkite į šaldytuvą maždaug 2 valandoms.
e) Vietoje krienų galima naudoti svogūną.
f) 1 šaukšte alyvuogių aliejaus lengvai pakepinkite 1 kubeliais pjaustytą svogūną. Sumaišykite alyvuogių aliejų ir prieskonius, tada supilkite padažą ir svogūną į burokėlius ir išmaišykite, kad susimaišytų.

49.Salierų ir apelsinų salotos

INGRIDIENTAI:
- 1 didelė saliero šaknis
- 1 apelsinas arba 2 mandarinai
- ⅓ puodelio (25 g) smulkiai pjaustytų graikinių riešutų
- ½ puodelio (125 ml) kokoso kremo
- druskos
- pasirinktinai: ⅓ puodelio (25 g) razinų

INSTRUKCIJOS:
a) Naudodami vidutines tarkavimo angas, sutarkuokite saliero šaknį.
b) Apelsinus arba mandarinus nulupkite ir supjaustykite ketvirčio colio (6 mm) gabalėliais.
c) Sumaišykite salierus, apelsinus ir graikinius riešutus šakute, tada supilkite kokosų grietinėlę.
d) Įberkite žiupsnelį druskos pagal skonį. Jei norite, galite įdėti razinų.

50. Daržovių salotos

INGRIDIENTAI:
- 5 virtos morkos
- 2 virtos petražolės-šaknys
- 5 virtos bulvės (nebūtina)
- 1 nedidelė virta saliero šaknis (apie 15 d.)
- 5 marinuoti agurkai
- 2 obuoliai
- 1 nedidelė skardinė kukurūzų (nebūtina)
- 1 skardinė žaliųjų žirnelių
- 1 valgomasis šaukštas garstyčių
- druska, pipirai, petražolės, krapai

INSTRUKCIJOS:
a) Daržoves nuplaukite ir išvirkite nenulupę (kiekvieną atskirai); atvėsinkite ir nulupkite.
b) Iš obuolių išimkite šerdį ir nulupkite.
c) Daržoves, marinuotus agurkus ir obuolius aštriu peiliu supjaustykite nedideliais kvadratėliais. Žaliuosius svogūnus reikia susmulkinti, o žirnius perkošti. Pagardinkite druska ir pipirais.
d) Pabarstykite salotas petražolėmis ir krapais. Pasiruošimui skirkite vieną valandą.
e) Papuošti

51. Agurkai kokoso kreme

INGRIDIENTAI:
- 1 didelis agurkas su sėklomis arba be jų, plonais griežinėliais
- 1 svogūnas plonais griežinėliais ir padalintas į žiedus
- 1/2 puodelio kokoso kremo
- 1 arbatinis šaukštelis cukraus
- 2 arbatiniai šaukšteliai baltojo acto (nebūtina)
- 1 valgomasis šaukštas smulkintų šviežių krapų
- druskos ir pipirų

INSTRUKCIJOS:
a) Serviravimo dubenyje sumaišykite kokosų grietinėlę, actą, cukrų ir pipirus.
b) Sudėkite agurkus ir svogūną ir išmaišykite, kad susimaišytų.

52.Kalaropių sriuba

INGRIDIENTAI:
- 1 kaliaropį nulupkite, supjaustykite kubeliais, naudokite ir lapus
- 1 vidutinis svogūnas smulkiai pjaustytas
- 1 vidutinė morka nulupta, supjaustyta kubeliais
- 2 vidutinės bulvės nuskustos, supjaustytos kubeliais
- 2 šaukštai petražolių ir krapų, smulkiai pjaustytų
- 1 l karšto daržovių sultinio
- 1 valgomasis šaukštas aliejaus ir sviesto
- Jūros druskos ir pipirų pagal skonį
- 1 šaukštas kukurūzų krakmolo ir 2 šaukštai karšto vandens

INSTRUKCIJOS:
a) Nulupkite ir stambiai supjaustykite kaliaropių lapus, išmeskite stiebus. Kalaropes, morkas ir bulves supjaustykite kubeliais.
b) Dideliame puode įkaitinkite 1 šaukštą aliejaus, tada suberkite svogūną ir troškinkite 3 minutes arba kol suminkštės. Virkite keletą minučių, dažnai maišydami, su likusiomis daržovėmis ir petražolėmis.
c) Įpilkite daržovių sultinio, pagardinkite pipirais, išmaišykite, uždenkite ir užvirinkite, tada sumažinkite iki mažos ugnies ir periodiškai pamaišydami virkite apie 30 minučių arba kol daržovės suminkštės .
d) Suberkite susmulkintus krapus ir troškinkite dar 3 minutes. Šiuo metu sriubą galite sutirštinti (nors ir nebūtina). Norėdami tai padaryti, sumaišykite 2 šaukštus karšto vandens su kukurūzų krakmolu, tada įmaišykite į sriubą ir virkite 3 minutes.
e) Nukelkite nuo ugnies, pagardinkite pagal skonį ir prieš patiekdami įmeskite į šaukštą sviesto.

53.Ukrainietiška pupelių sriuba

INGRIDIENTAI:
- 1 svaras Baltos pupelės, džiovintos
- 1½ svaro Rauginti kopūstai
- ¾ svarų Druska kiauliena
- 4 bulvės, kubeliais
- ½ puodelio Daržovių aliejus
- 1½ šaukšto Miltai
- po 1 Svogūnai, lg. stambiai sukapoti
- 1 arbatinis šaukštelis Druska
- 1 arbatinis šaukštelis Juodasis pipiras
- 4 lauro lapai
- 3 Česnako skiltelės, susmulkintos
- 2 šaukštai Pipirų žirneliai
- ½ puodelio Jogurtas, paprastas
- po 1 Morkos, lg. susmulkinti

INSTRUKCIJOS:
a) Pamirkykite pupeles per naktį. Mėsą, bulves, pupeles ir raugintus kopūstus išvirkite atskirai.
b) Iškepusią mėsą iškaulinėkite ir supjaustykite ½" kubeliais. Bulves supjaustykite kubeliais. Pupeles sutrupinkite.
c) ir svogūnų pasigaminkite roux . Sudėkite mėsą ir daržoves į puodą, suberkite roux ir lauro lapus.
d) Uždenkite sultiniu ir virkite dar 10 minučių.

PAGRINDINIS PATIEKALAS

54. Gefullte žuvis iš Ukrainos

INGRIDIENTAI:
AKCIJA
- 4 stiebai salierai – supjaustyti 4 colių griežinėliais
- 2 svogūnai - ketvirčiais
- 1 Žalioji paprika – supjaustyta gabalėliais
- 3 morkos – perpjautos per pusę
- 8 puodeliai Vandens
- Žuvies kaulai ir galvos
- 1 valgomasis šaukštas Šviežiai maltų pipirų
- 12 petražolių šakelių
- 2 arbatiniai šaukšteliai Cukrus
- 1 lauro lapas neprivalomas

ŽUVYS
- 4 svarai lydeka
- 1 svaras baltažuvės
- 1 svaras karpis
- 1 valgomasis šaukštas druskos
- 2 vidutiniai svogūnai – smulkiai sutarkuoti
- 6 dideli kiaušiniai
- 1 valgomasis šaukštas Augalinis aliejus
- 1 arbatinis šaukštelis Cukrus
- ½ puodelio Matzah valgio

INSTRUKCIJOS:
a) Sudėkite visus sultinio ingredientus į didelį virdulį su dangteliu. užvirkite, tada uždenkite ir sumažinkite ugnį, kad užvirtų.

b) Laukdami, kol puodas užvirs, pradėkite ruošti žuvį. Mediniame dubenyje. į sumaltą žuvį sudėkite visus po žuvimi išvardytus ingredientus, atsargiai supjaustykite ir sumaišykite.

c) Sudrėkinkite rankas ir iš žuvies mišinio suformuokite riebius ovalo formos paplotėlius, kiekvieną atsargiai įmeskite į verdantį sultinį. Lėtai virkite 2 valandas.

55.Ukrainietiška vištiena su krapais

INGRIDIENTAI:
- 1 Vištienos pjaustymas broileryje
- Patiekiant gabalėlius
- ½ stiklinės miltų
- 1 arbatinis šaukštelis druskos
- ½ arbatinio šaukštelio pipirų
- 3 šaukštai sviesto arba margarino
- 1 puodelis Vandens
- 1 mažas svogūnas, susmulkintas
- 1 česnako skiltelė, susmulkinta
- 2 šaukštai Miltų
- 1 stiklinė grietinės arba saldžios grietinėlės
- 1 arbatinis šaukštelis Smulkintų krapų

INSTRUKCIJOS:

a) Sumaišykite miltus, druską ir pipirus plastikiniame maišelyje. Po vieną sudėkite vištienos gabalėlius ir suplakite. Miltais pabarstytus vištienos gabalėlius lėtai apkepkite svieste keptuvėje.

b) Įpilkite vandens, svogūnų ir česnakų ir virkite ant silpnos ugnies 40 minučių. Sumaišykite miltus su grietinėle. Suberkite krapus ir įmaišykite į vištieną.

c) Kruopščiai pakaitinkite, bet neužvirinkite. Patiekite su virtomis naujomis bulvėmis, ryžiais ar makaronais.

56.Ukrainietiškas mėsos ir žuvies troškinys

INGRIDIENTAI:

- ½ svaro maltos jautienos
- ½ svaro malta ėriena
- ½ svaro silkė, šviežia, kubeliais,
- Nulupama oda ir kaulai
- ½ puodelio paprasto jogurto
- 4 šaukštai sviesto
- 4 kiaušiniai, atskirti
- 1 susmulkinta česnako skiltelė
- 1 svogūnas lg. susmulkinti
- 4 Bulvės nuskustos ir išvirtos
- ½ arbatinio šaukštelio druskos
- ½ arbatinio šaukštelio juodųjų pipirų
- 2 šaukštai ožkos sūrio <Feta> sutrupintas
- 3 šaukštai duonos trupinių
- 4 šaukštai Morkos susmulkintos

INSTRUKCIJOS:

a) Į dubenį supilkite 1 litrą pieno ir pamirkykite jame silkę 8–12 valandų.
b) Išdžiovinkite, kad pašalintumėte visus kaulus. Svogūnus ir česnakus pakepinkite 2 T svieste iki auksinės spalvos. Keptuvėje pakepinkite maltą mėsą ir sudėkite į virtuvinį kombainą. Sudėkite svogūną, česnakinę silkę ir bulves. Susmulkinkite, kol gausite vientisą mišinį. Įmaišykite jogurtą ir kiaušinių trynius. Suberkite prieskonius.
c) Įkaitinkite orkaitę iki 400 laipsnių F. ir sviestu patepkite didelę kepimo formą. Šiuo metu sudėkite susmulkintas morkas.
d) Kiaušinių baltymus išplakite iki standžių putų, bet ne sausų, tada įmaišykite į masę. Supilkite mišinį į sviestu išteptą kepimo formą.
e) Pabarstykite duonos trupiniais ir ožkos fetos sūriu, aptepkite likusiu sviestu ir kepkite 45 minutes. Patiekite karštą.

57.Ukrainietiškas kepsnys

INGRIDIENTAI:
- 1 puodelis grietinės arba natūralaus jogurto
- 1 svogūnas lg. supjaustyti
- 1 morka supjaustyta griežinėliais
- 3½ svaro kepsnys
- 4 Pasūdykite kiaulienos griežinėlius
- 2 šaukštai susmulkintų svogūnų
- ¾ puodelio raudonojo vyno bordo
- Druska ir pipirai pagal skonį
- ½ stiklinės šviežių, pjaustytų grybų
- 2 bulvės, kubeliais 1/2 colio
- 1 arbatinis šaukštelis Actas

INSTRUKCIJOS:
a) Sūdytus kiaulienos griežinėlius sudėkite į keptuvės dugną. Tada sumaišykite svogūnus, morkų griežinėlius, bulvių kubelius ir svogūną, tada storu sluoksniu uždėkite ant sūdytos kiaulienos.
b) Puodo kepsnį, kaip norite, įtrinkite druska ir pipirais, tada apkepkite iš visų pusių. Išimkite iš keptuvės ir sudėkite į skrudintuvą.
c) Įpilkite vyno ir grietinės. Įsitikinkite, kad grietinė yra kambario temperatūros, kitaip mėsa sukietės.
d) Uždėkite skrudintuvo dangtelį ir kepkite orkaitėje 350 laipsnių F temperatūroje 2,5 valandos. Ištraukę kepsnį, nugriebkite riebalus nuo sulčių.
e) Sutirštiname miltais įpilame acto ir užviriname. Padažą nukoškite ir patiekite ant supjaustytos mėsos.

58.Ukrainietiškų kopūstų suktinukai su soromis

INGRIDIENTAI:

- 2 kilogramai kopūstų
- 250 mililitrų soros
- 50 gramų druskos kiaulienos
- 2 morkos
- 1 svogūnas
- 2 šaukštai Miltų
- 4 šaukštai pomidorų pastos
- 8 šaukštai grietinės
- 2 šaukštai Sviesto
- 2 stiklinės vandens; arba sultinio pagal poreikį
- Aitriosios paprikos
- Druska; paragauti

INSTRUKCIJOS:

a) Kopūsto galvą su nuimtu stiebu užpilkite verdančiu vandeniu.

b) Atskirkite lapus nuo galvos ir nupjaukite gyslas. Svogūnus ir morkas smulkiai supjaustykite (morkoms tiks julienas) ir pakepinkite, kol svogūnai pradės ruduoti. Soras gerai nuplaukite, užpilkite vandeniu ir užvirinkite. Nukoškite ir sumaišykite su pjaustyta kiaulienos druska, morkų/svogūnų mišiniu, pipirais, druska ir žaliais kiaušiniais. Kruopščiai išmaišykite rankomis, tada mišinio dalimis dėkite ant kopūstų lapų, sandariai susukite ir užsukite galus.

c) Baigę sukti kopūstų suktinukus, pašaukite juos į olandišką orkaitę ir supilkite grietinės padažą, gerai išvirkite perkoškite, pasūdykite ir patiekite.

d) GRIETINĖS DAŽAS: Miltus apkepinkite svieste. Įpilkite pomidorų pastos ir grietinės bei šiek tiek sorų sultinio.

e) ALTERNATIS: Į didelę kepimo skardą sudėkite kopūstų suktinukus, grietinės užpilą pasigaminkite jo neskiesti, uždenkite suktinukus ir kepkite 325o temperatūroje apie valandą.

59.Ukrainietiškos jautienos strogano ff

INGRIDIENTAI:

- 3 svarai Filet mignon galiukai
- 1 stiklinė smulkiai pjaustytų svogūnų
- 4 šaukštai nesūdyto sviesto
- 1½ svaro Grybai maži 1/2 colio ar mažesni
- ⅔ puodelio riebios grietinėlės
- ¾ puodelio grietinės arba natūralaus jogurto
- 2¼ arbatinio šaukštelio Dižono garstyčių
- 2 šaukštai krapų švieži, smulkiai pjaustyti
- 1½ šaukšto šviežių petražolių
- ⅔ puodelio jautienos sultinio
- Druska ir pipirai pagal skonį
- 2¾ arbatinio šaukštelio miltų

INSTRUKCIJOS:

a) Jautieną supjaustykite plonomis juostelėmis apie. 1½" - 2" ilgio.
b) Ant stiprios ugnies įkaitinkite didelę ketaus keptuvę ir po kelis sudėkite mėsą, kad mėsa apskrus. Mėsą nukelkite nuo ugnies ir atidėkite į šalį.
c) Sumažinkite ugnį keptuvėje iki vidutinės ir ištirpinkite sviestą.
d) Sudėkite svogūną, pakepinkite, kol suminkštės <apytiksliai. 4-5 minutes>. Pakelkite ugnį iki vidurio, suberkite grybus, patroškinkite; dažnai maišykite, virkite 15-20 minučių. Sumažinkite ugnį iki vidutinės – pabarstykite miltais, gerai išmaišykite 1-3 minutes. Įmaišykite sultinį, grietinėlę, grietinę ir garstyčias.
e) Uždenkite, sumažinkite ugnį iki minimumo ir troškinkite 5-7 minutes. NELEISKITE VIRTI! Mėsą grąžinkite į keptuvę, sumaišykite su padažu, įmaišykite krapus ir petražoles ir patiekite.

60.Vegetarai bigos

INGRIDIENTAI:

- 1 c džiovintų grybų
- 2 vidutiniai svogūnai, supjaustyti
- 2 šaukštai aliejaus
- 8-10 oz. / 250 g šviežių grybų
- 1/2 arbatinio šaukštelio druskos
- 1/4 - 1/2 arbatinio šaukštelio maltų pipirų
- 5-6 pipirų žirneliai ir kvapiųjų pipirų uogos
- 2 lauro lapai
- 1 morka
- 15 džiovintų slyvų
- 1 arbatinis šaukštelis kmynų
- 1 valgomasis šaukštas rūkytos paprikos
- 3 šaukštai pomidorų pastos
- 1 c sauso raudonojo vyno
- 1 vidutinio dydžio kopūsto galva

INSTRUKCIJOS:

a) Džiovintus grybus pamirkykite vandenyje bent valandą.
b) Dideliame puode įkaitinkite aliejų ir pakepinkite susmulkintą svogūną. Išvalykite ir supjaustykite grybus, tada sudėkite juos į svogūnus, kai tik jie pradės ruduoti iš kraštų. Toliau troškinkite su druska, grūstais pipirais, pipirų žirneliais, kvapiaisiais pipirais ir lauro lapeliais.
c) Morkas reikia nulupti ir susmulkinti. Sumeskite į puodą.
d) Įmaišykite ketvirčiais supjaustytas slyvas, kmynus, rūkytą papriką, pomidorų pastą ir vyną.
e) Kopūstą reikia supjaustyti ketvirčiais ir griežinėliais. Viską sumaišykite puode.
f) Uždenkite ir virkite kopūstus, kol jų tūris šiek tiek sumažės. Virkite dar 10 minučių arba kol kopūstai suminkštės.

61. Ukrainietiški koldūnai

INGRIDIENTAI:

- 6–7 vidutinės bulvės, nuluptos
- 1 lygio šaukštas druskos
- 120 g bulvių krakmolo pagal poreikį

INSTRUKCIJOS:

a) Bulves išvirkite pasūdytame vandenyje, kol suminkštės. Nusausinkite ir sutrinkite bulvių trintuvu iki vientisos masės. Norėdami, kad ant keptuvės dugno susidarytų lygus bulvių sluoksnis, nuspauskite rankomis.
b) Peiliu perpjaukite bulvių sluoksnį į keturias lygias dalis. Išimkite vieną komponentą ir tolygiai paskirstykite jį tarp likusių trijų. Bus panaudota tik ketvirtadalis keptuvės.
c) Įpilkite tiek bulvių miltų, kad užpildytumėte tuščią ketvirtį iki tokio paties lygio kaip bulvių sluoksnis. Miltų danga turi būti išlyginta.
d) Dideliame puode užvirinkite vandenį.
e) Rankomis suformuokite nedidelius graikinio riešuto dydžio rutuliukus. Šiek tiek išlyginkite ir nykščiu įdarykite skylę viduryje.
f) Į verdantį vandenį įpilkite keletą kukulių, atsargiai, kad keptuvė neperpildytų. Išmaišykite mediniu šaukštu, kad jie nepriliptų prie keptuvės dugno ir kepkite, kol pakils į viršų. Naudodami kiaurasamtį išimkite vištieną ir patiekite su padažu arba grietinėle.

62.Saldūs varškės sumuštiniai

INGRIDIENTAI:
- šviežia duona ar bandelės
- 200 g porcija veganiškas varškės sūris
- uogienė, spanguolių padažas, klevų sirupas arba šokoladinis gėrimas
- Žiupsnelis cukraus
- kelis arbatinius šaukštelius augalinio pieno

INSTRUKCIJOS:
a) Varškės sūrio riekelę ar gabalėlius reikia dėti ant šviežios duonos ar bandelių.
b) Kiekvieną sumuštinį pabarstykite cukrumi .
c) Arbatiniu šaukšteliu pabarstykite cukrų ir kelis lašus augalinio pieno.
d) Sumuštinius pašildykite mikrobangų krosnelėje arba kepkite orkaitėje. Palaikykite kelias sekundes, kol sūris ir duona bus šilti, bet ne karšti. Pašalinkite sumuštinius iš lygties.
e) Ant kiekvieno sumuštinio uždėkite po džemo kiekį.

63.R ledas su obuoliais

INGRIDIENTAI:
- 2 puodeliai ryžių
- 4 puodeliai augalinio pieno
- 1/2 arbatinio šaukštelio druskos
- 4 rūgštūs obuoliai
- 1/4 arbatinio šaukštelio malto muskato riešuto
- 2 šaukštai cukraus
- 1/12 arbatinių šaukštelių cinamono
- 1 arbatinis šaukštelis vanilės
- 2 arbatiniai šaukšteliai + 2 arbatiniai šaukšteliai kokoso sviesto

INSTRUKCIJOS:
a) Vidutiniame puode įkaitinkite augalinį pieną su druska. Suberkite nuplautus ryžius ir virkite ant silpnos ugnies, kol paruduos.
b) Toliau maišykite ryžius. Nubraukite tik tada, kai prilips prie dugno. Toliau švelniai maišykite, kol ryžiai suminkštės.
c) Įkaitinkite orkaitę iki 350 laipsnių pagal Farenheitą (180 laipsnių Celsijaus).
d) Nulupę ir pašalinę šerdį obuolius susmulkinkite daržovių smulkintuvu. Kepkite, kol skystis išgaruos sausoje keptuvėje su muskato riešutu.
e) Į virtus ryžius įpilkite cukraus, cinamono ir vanilės. Viską gerai išmaišykite.
f) 8 × 8 colių (20 × 20 cm) skardą ištepkite kokosų sviestu. Pusė ryžių turi patekti į keptuvės dugną, po to visi obuoliai ir likę ryžiai. Ant viršaus dedamos plonos kokosų sviesto griežinėliai.
g) Virkite 20 minučių. Patiekite šiltą arba atšaldytą.

64. Makaronai ir koldūnai

INGRIDIENTAI:
- 2 pakeliai sausų mielių
- 4 arbatinius šaukštelius cukraus
- 1 puodelis plius 2 šaukštai šilto augalinio pieno
- 1 svaro universalūs miltai
- 1 arbatinis šaukštelis druskos
- 3 šaukštai kokosų sviesto, ištirpinto

INSTRUKCIJOS:

a) Nedideliame dubenyje padarykite kempinę, augaliniame piene ištirpinkite mieles ir cukrų ir įmaišykite į 1/2 puodelio miltų.

b) Dideliame dubenyje sumaišykite likusį miltų, druskos ir mielių mišinį. Maišykite maždaug 5 minutes rankomis arba mašina arba tol, kol susidarys pūslės ir atsilups nuo dubens pusės. Kruopščiai įmaišykite atvėsintą ištirpintą kokosų sviestą.

c) Leiskite kilti, kol padidės dvigubai. Išverskite ant miltais pabarstyto paviršiaus ir įberkite papildomų miltų, jei tešla bus per lipni. Nupjaukite 3 colių pjaustytuvu arba stiklu, nukirpę iki 1 colio storio. Atraižas galima pervynioti ir pjaustyti antrą kartą. Leiskite pakilti, kol padidės dvigubai.

d) Tuo tarpu pripildykite du didelius puodus 3/4 vandens. Virš puodų mėsinės virvelės užriškite miltų maišelio ar kitos medžiagos be pūkelių apskritimą ir užvirinkite vandenį. Į indą sudėkite tiek koldūnų, kiek tilps.

e) Virkite virtinukus 15 minučių uždengę dangtį ant puodo viršaus. Koldūnai subyrės, jei garinimo metu pakelsite dangtelį.

f) Arba ant puodo uždėkite tinklelį nuo purslų, pridėkite tiek kukulių, kiek tilps jų neliečiant, tada uždenkite karščiui atspariu plastikiniu dubeniu, kuris buvo apverstas.

g) Padėkite kukulius atvėsti ant grotelių. Koldūnus užšaldykite arba laikykite maišelyje su užtrauktuku šaldytuve.

65.Makaronai ir veganiški sūriai e

INGRIDIENTAI:
- 2 puodeliai veganiškų makaronų
- 7 uncijos. / 200g veganiškos varškės
- 4 valgomieji šaukštai kokosų grietinėlės
- 2 Valgomieji šaukštai kokosų sviesto
- 2-4 šaukštai klevų sirupo
- Žiupsnelis cinamono (nebūtina)

INSTRUKCIJOS:
a) Virdami makaronus vadovaukitės pakuotės instrukcijomis .
b) Nuvarvinę makaronus supilkite su kokosų sviestu.
c) Surinkite spagečių lėkštes.
d) Į makaronus suberkite sūrio trupinius.
e) Ant viršaus užtepkite kokosų kremo sluoksnį.
f) Ant viršaus užlašinkite klevų sirupo. Taip pat galite įberti žiupsnelį cinamono.

66.Makaronai su braškėmis

INGRIDIENTAI:

- M akaronai pasirinktinai
- 3 puodeliai braškių, šviežių arba šaldytų
- 1 puodelis paprasto augalinio jogurto , kokoso grietinėlės arba graikiško augalinio jogurto
- cukraus pagal skonį

INSTRUKCIJOS:

a) Vykdykite pakuotės instrukcijas Jūsų pasirinktam makaronų gaminimui.

b) Nuplaukite ir pašalinkite braškių stiebus. Susmulkinkite keletą braškių, kad padėtumėte ant patiekalo viršaus.

c) Blenderyje sumaišykite likusias braškes, grietinėlę arba augalinį jogurtą, cukrų ir vanilės ekstraktą.

d) Jei norite stambesnio padažo, braškes sutrinkite šakute arba sumaišykite dalimis, suteikdami paskutinėms braškėms trumpą laiką blenderiu.

e) Išvirtus makaronus supilkite su braškių padažu. Skanu karšta arba šalta.

67.Makaronai su grybais

INGRIDIENTAI:
- 1 vidutinio dydžio gūžinis kopūstas
- 2 puodeliai grybų
- 1 svogūnas
- 1 morka
- G arlicas, 1-2 gvazdikėliai
- 2 lašeliai balzamiko acto ar kito acto
- Prieskonių , tokių kaip mairūnai, krapai, kmynai, druska ir pipirai, pagal jūsų skonį
- 1 lazdelė kokosų sviesto
- Veganiški makaronai

INSTRUKCIJOS:

a) Didelėje keptuvėje ištirpinkite kokosų sviestą ir pakepinkite svogūnus bei grybus.

b) Suberkite morkas ir česnaką. Įdėkite kopūstą, kai česnakas paruduos ir svogūnai taps skaidrūs.

c) Įpilkite šiek tiek vandens ir toliau virkite, kol kopūstai suminkštės. Kopūstų virimo laikas priklauso nuo jo amžiaus ir pjaustymo būdo.

d) Įpilkite likusį kokosų sviestą, šlakelį ar du acto, prieskonių ir paragaukite, kol vanduo mažės. Pagardinkite druska ir pipirais pagal skonį.

e) Patiekite su makaronų šonu.

68.Veganiškas sūris su ridikėliais

INGRIDIENTAI:

- 3 puodeliai veganiško sūrio
- ½ puodelio kokoso grietinėlės (viso riebumo)
- 1 ryšelis ridikėlių
- 1 ryšelis laiškinių česnakų
- druskos, pipirų, prieskonių pagal skonį

INSTRUKCIJOS:

a) Paruoškite ridikėlius ir laiškinius česnakus. Ridikėlius reikia nuplauti ir supjaustyti į bet kokią pasirinktą formą ar dydį.
b) Veganiško sūrio viršų papuoškite ridikėliais. Tęskite su laiškiniais česnakais taip pat. Pašalinkite iš lygties.
c) Įpilkite kokosų grietinėlės, kol gausite norimą konsistenciją.
d) Įkaitinkite orkaitę iki 350 ° F ir pagardinkite sūrį druska ir pipirais. Jei norite, galite tai palikti arba pridėti papildomų prieskonių.
e) Galiausiai dideliame dubenyje sumaišykite kubeliais pjaustytus ridikėlius ir laiškinius česnakus. Galutiniame serviravimo dubenyje papuoškite ridikėliais ir česnakais.

69.Pasta su aguonomis

INGRIDIENTAI:
- 300 g miltų
- žiupsnelis druskos
- 1 puodelis aguonų
- 3 šaukštai klevų sirupo
- 2 šaukštai razinų
- 2 šaukštai migdolų žiedlapių
- 1 šaukštas kapotų graikinių riešutų
- 1 šaukštas apelsino žievelės

INSTRUKCIJOS:
AR AGUONŲ MASĖS
a) Aguonas nuplaukite po tekančiu vandeniu. Po to užpilkite verdančiu vandeniu. Atsargiai nusausinkite.
b) Aguonas sutrinkite iki smulkių miltelių.
c) Į puodą supilkite tris šaukštus klevų sirupo ir pradėkite kaitinti. Vietoj skysto klevų sirupo galite naudoti kietą klevų sirupą. Dėl aukštesnės temperatūros jis turėtų ištirpti.
d) Suberkite visas aguonas kartu su razinomis, riešutais, apelsino žievele ir migdolų žiedlapiais.
e) Reguliariai maišydami virkite apie 5 minutes, kol aguonų masė taps šilta ir vienalytė.
f) Išimkite aguonas iš viryklės ir išjunkite ugnį.

MAkaronai
g) Iš 300 g miltų suformuokite kauburėlį. Pagardinkite žiupsneliu druskos.
h) Padarykite tešlą. Minkykite apie 15 minučių arba tol, kol ji taps lygi ir vienodos spalvos.
i) Iš tešlos suformuokite rutulį ir įdėkite jį į dubenį. Uždenkite švaria šluoste ir grąžinkite į orkaitę dar 20-30 minučių.
j) Stalą ar konditerijos lentą pabarstykite miltais. Po 20-30 minučių tešlą iškočiokite į maždaug 2 mm storio gumulėlį.
k) Supjaustykite spiečius mažais kvadratėliais, kurių kraštinės ilgis 2–3 cm.
l) Kvadratus užvirinkite pasūdytame vandenyje. Tęskite taip, lyg ruoštumėte parduotuvėje pirktus makaronus.

70. Ukrainos žuvis

INGRIDIENTAI:
DĖL VEGANŲ FILĖS
- 300 g kieto tofu
- 1 citrinos ½ žievelės ir visos sultys
- 1 šaukštas kaparėlių sūrymo
- 1 valgomasis šaukštas baltojo vyno acto
- 1 lapas sushi nori
- 70 g paprastų miltų

DĖL TOPATO
- 1 rudasis svogūnas plonais griežinėliais
- 1 porą supjaustyti
- 1 mažas pastarnokas tarkuotas
- 3 sutarkuotos morkos
- 3 kvapiųjų pipirų uogos
- 2 džiovinti lauro lapai
- 1 arbatinis šaukštelis saldžiosios paprikos
- 1 valgomasis šaukštas pomidorų tyrės
- 1 arbatinis šaukštelis viso grūdo garstyčių neprivaloma

INSTRUKCIJOS:
DĖL VEGANŲ FILĖS

a) Tofu bloką supjaustykite į 6 vienodo dydžio dalis.

b) Plačiame dubenyje arba giliame padėkle sumaišykite citrinos sultis ir žievelę, kaparėlių sūrymą ir baltojo vyno actą ir užpilkite ant tofu griežinėlių. Palikite bent valandą marinuotis.

c) Apvyniokite nori juostelę aplink kiekvieną gabalėlį, kai jie baigs marinuoti. Norėdami sudrėkinti nori apvyniotą tofu, panardinkite jį į marinato likučius, tada įberkite į paprastus miltus.

d) Gražioje neprideganČioje keptuvėje įkaitinkite alyvuogių aliejų ant vidutinės-stiprios ugnies. Kai keptuvė įkaista, sudėkite tofu gabaliukus, kad jie nesiliestų. Kepkite 3 minutes iš pirmosios pusės arba iki auksinės spalvos ir traškios. Apvertę tofu, kepkite 3 minutes priešingoje pusėje.

DĖL TOPATO

e) Dideliame puode ant vidutinės ugnies įkaitinkite šiek tiek aliejaus arba daržovių sultinio, tada suberkite svogūną. Virkite apie 3 minutes arba kol pradės minkštėti.

f) Maišymo dubenyje sumaišykite porą, morką ir pastarnoką. Sumažinkite ugnį iki minimumo ir retkarčiais pamaišydami troškinkite apie 4 minutes arba kol daržovės suminkštės.

g) Jei naudojate, įmaišykite kvapiųjų pipirų uogas, lauro lapus, saldžiąją papriką, pomidorų tyrę ir viso grūdo garstyčias. Kruopščiai išmaišykite ir virkite ant silpnos ugnies dar 15 minučių, retkarčiais pamaišydami.

h) Po 15 minučių išimkite kvapiųjų pipirų uogas ir lauro lapus.

i) Į lėkštę sudėkite veganišką filė ir gausiai uždėkite morkų mišinio. Mėgautis!

71. Kopūstų suktinukai

INGRIDIENTAI:
- 1 galva baltojo kopūsto
- 120 g grikių kruopų
- 3 šaukštai kokosų sviesto
- 2 šaukštai alyvuogių aliejaus
- 1 svogūnas, susmulkintas
- 1 skiltelė česnako, susmulkinta
- 300 g grybų, susmulkintų
- 1 valgomasis šaukštas džiovintų mairūnų
- 2 daržovių sultinio kubeliai
- sojos padažo pagal skonį
- druskos ir pipirų pagal skonį

INSTRUKCIJOS:

a) Užvirinkite dideliame virdulyje vandens. Prieš dėdami į puodą, išimkite kopūsto šerdį. Kai išoriniai lapai suminkštėja, pašalinkite juos. Kopūstų šonkaulių storoji dalis turi būti apipjaustyta. Pašalinkite iš lygties.

b) Tuo tarpu paruoškite grikių kruopas pagal pakuotės nurodymus. Nusausinkite ir palikite 1 šaukštą kokosų sviesto.

c) Keptuvėje įkaitinkite aliejų ir pakepinkite svogūną bei česnaką.

d) Toje pačioje keptuvėje ištirpinkite 1 šaukštą kokosų sviesto ir pakepinkite grybus. Suberkite pakepintus grikius ir svogūnus. Mairūnas, sojos padažas, druska ir pipirai pagal skonį. Kruopščiai išmaišykite.

e) Į troškinimo indo dugną įdėkite mažyčius arba sulaužytus kopūstų lapus. Kiekvieno lapo centre įpilkite maždaug 2 arbatinius šaukštelius įdaro.

f) Ant įdaro užmaukite kopūsto galą, tada užlenkite kopūsto šonus. Iš kopūsto padarykite pakelį, jį suvyniodami ir uždenkite galus, kad užsandarintumėte. Kiekvieną sudėkite į paruoštą troškinimo indą siūle žemyn.

g) 500 ml matavimo puodelyje ištirpinkite sultinio kubelius ir supilkite ant kopūstų suktinukų. Įpilkite paskutinio kokoso sviesto. Uždenkite likusiais kopūstų lapais.

h) Troškinkite ant silpnos ugnies 30–40 minučių.

72. Potato ir veganų Cheese Pierogi

INGRIDIENTAI:
PIEROGI TEŠLA - 1 PARTIJA
- 3 puodeliai miltų, su papildomais miltais, kad nuvalytų dulkes nuo darbo paviršiaus
- 1 puodelis karšto vandens
- 1 šaukštas kokosų sviesto arba aliejaus

BULVIŲ IR SŪRIŲ ĮDAŽAS
- 2 svarai. bulvių (apie 4 stiklines sutrintų)
- 2 puodeliai veganiško sūrio
- 2 svogūnai
- druskos ir pipirų pagal skonį
- kokosų kremas, į viršų

INSTRUKCIJOS:
BULVIŲ IR SŪRIŲ ĮDAŽAS
a) Nulupkite bulves ir išvirkite. Bulvių trintuvu arba bulvių trintuvu lengvai sutrinkite bulves. Nebūtina naudoti maišytuvo. Nebūtina, kad bulvės būtų visiškai lygios. Leiskite bulvėms atvėsti.
b) Svogūnus susmulkinkite ir pakepinkite kokosų svieste arba aliejuje. Pusė keptų svogūnų turi patekti į bulves, o kita pusė - ant pierogių.
c) Užbaikite veganišku sūriu.
d) Įdarą pasūdykite ir pipiruokite pagal skonį; mano nuomone, druskos ir pipirų niekada negali būti per daug. Paragaukite įdarą ir, jei reikia, įdėkite daugiau. Kol gaminate tešlą, galite atšaldyti įdarą. Įdarą kartais kuriu dieną prieš, nes su šaltu įdaru susitvarkyti paprasčiau.

PIEROGI TEŠLA
e) Miltai turi būti gazuoti. Miltus persijokite, išplakite dubenyje arba 20 sekundžių plakite virtuviniu kombainu.
f) Vandenį užvirinkite taip pat, kaip darytumėte arbatos puodelį. Į puodelį verdančio vandens įpilkite šaukštą kokosų sviesto arba aliejaus.
g) Lėtai supilkite karštą vandenį į miltus ir maišykite, kad susimaišytų, pirmiausia mediniu šaukštu, o tada rankomis, jei

vanduo per karštas. Maišydami virtuviniame kombaine, po truputį pilkite verdantį vandenį.
h) Toliau pilkite karštą vandenį, kol gausite minkštą, lanksčią tešlą. Įberkite dar šiek tiek miltų, jei tešla per lipni. Jei tešla per sausa, įpilkite šiek tiek vandens. Jis atsitrauks nuo virtuvinio kombaino kraštų ir suformuos rutulį.
i) Miltais pabarstytu kočėlu iškočiokite tešlą ant miltais pabarstyto paviršiaus. Pierogi tešlą iškočiokite iki tokio storio, su kuriuo norėtumėte dirbti. Profesionalūs pierogių gamintojai tešlą kočioja labai plonai, bet kadangi mano šeima tešla, galiu ją kočioti šiek tiek storiau.
j) Tešlą iškočiokite į apskritimus, šaukštu arba iš anksto susuktais rutuliais užpildykite bulvių ir sūrio įdaru, užlenkite ir uždarykite. Jei nelauksite per ilgai, tešla vis tiek bus minkšta, o pierogiams užsandarinti užteks vos kelių šlakelių vandens.
k) Darbinį paviršių pabarstykite miltais ir uždenkite rankšluosčiu, kol paruošite virti.
l) Nedideliame puode lėtai užvirinkite arba troškinkite nedidelę pierogių partiją. Nepamirškite vandens pagardinti druska. Stebėkite savo pierogius ir virkite juos 3–5 minutes, kai tik pradės plūduriuoti. Išimkite juos iš vandens kiaurasamčiu ir padėkite ant indo ar padėklo, kad atvėstų.
m) Paruoškite patiekalą su aliejumi arba kokosų sviestu ir būtinai sutepkite kokosų sviestu savo pierogi. Kai jie įkaista, būkite atsargūs, kad jie nesutaptų, nes jie sulips.
n) Prieš patiekdami apibarstykite pierogi keptais svogūnais ir šaukšteliu kokoso grietinėlės.

73. Keptas alaus tofu

INGRIDIENTAI:

- 250 g natūralaus tofu
- 2 šaukštai pomidorų pastos
- 100 ml alaus
- 1 didelis šaukštas sojos padažo
- pusė šaukšto Klevų sirupas
- pusės arbatinio šaukštelio rūkytos arba saldžiosios paprikos
- ketvirtadalis arbatinio šaukštelio kmynų miltelių
- ketvirtadalis šaukštelio čili miltelių arba kajeno pipirų
- žiupsnelis cinamono
- druskos pagal skonį

INSTRUKCIJOS:

a) Nuplaukite tofu ir kiek įmanoma nusausinkite virtuviniu popieriumi. Supjaustykite 1,5 cm storio griežinėliais ir įvyniokite į dar virtuvinį popierių.

b) Ant viršaus uždėkite svarelį, kad išsiskirtų kuo daugiau skysčio, o tuo tarpu paruoškite padažą.

c) Maišymo dubenyje sumaišykite alų, agavų sirupą, klevų sirupą arba saldžiųjų ryžių sirupą.

d) Dubenyje sumaišykite pomidorų pastą, sojos padažą, kmynų miltelius ir rūkytą arba saldžiąją papriką. Taip pat pridėkite cinamono ir žiupsnelį čili miltelių arba kajeno pipirų.

e) Prieš kepdami ant grotelių, marinuokite tofu kiek įmanoma ilgiau.

74. S batatų pierogi

INGRIDIENTAI:
TEŠLA
- 3 C puodeliai universalūs miltai
- 1 arbatinis šaukštelis jūros druskos
- 1 C vandens
- 1 valgomasis šaukštas augalinio aliejaus

UŽPILDYMAS
- 3 1/2 C saldžiosios bulvės, nuluptos ir supjaustytos kubeliais
- 2 česnako skiltelės, susmulkintos
- 2 šaukštai maistinių mielių
- 2 šaukštai veganiško kokosų sviesto
- 1/2 arbatinio šaukštelio šviežių krapų
- 1/4 arbatinio šaukštelio džiovinto šalavijo
- 1/4 arbatinio šaukštelio jūros druskos
- 1/4 arbatinio šaukštelio maltų juodųjų pipirų

INSTRUKCIJOS:

a) Puodą pasūdyto vandens užvirinkite, tada troškinkite saldžiųjų bulvių kubelius 10 minučių arba kol iškeps ir suminkštės.

b) Kol saldžiosios bulvės kepa, paruoškite tešlą sumaišydami universalius miltus ir jūros druską. Tada supilkite vandenį ir aliejų, kol viskas susimaišys.

c) Minkykite tešlą ant lengvai miltais pabarstyto paviršiaus, kol ji susimaišys ir bus šiek tiek lipni, bet ne tokia lipni, kad priliptų prie rankų. Tešlos rutulį lengvai pabarstykite miltais.

d) Padalinkite tešlą per pusę ir kiekvieną mažesnį rutulį suvyniokite į plastikinę plėvelę. Kol gaminsite įdarą, tešlą atvėsinkite.

e) Saldžiąsias bulves nusausinkite ir sutrinkite su likusiais įdaro ingredientais,

f) Šaldykite, kol pierogi bus paruošti užpildyti.

g) Jei ruošite pyragus iš karto, vyniodami, pjaustydami ir užpildydami juos paleiskite virti dideliame puode su pasūdytu vandeniu.

h) Ant lengvai miltais pabarstyto paviršiaus iškočiokite vieną tešlos rutulį, kol jis bus 1/16 colio storio. Iš tešlos išpjaukite apskritimus 3–12–4 colių apvalia sausainių formele.

i) Kočiodami tešlą ir išpjaudami apskritimus, kiekvieną išdėkite ant lengvai dulkėtos kepimo skardos ar skardos ir uždenkite rankšluosčiu. Pakartokite su likusiu tešlos kamuoliuku.

j) Vienoje kiekvieno tešlos rato pusėje paskleiskite 12–34 šaukštus saldžiųjų bulvių įdaro. Šalia laikykite nedidelį indelį vandens.

k) Pirštu užtepkite šiek tiek vandens per pusės apskritimo kraštą, kitą tešlos pusę užlenkite ant įdaro, švelniai paspauskite ir šiek tiek suspauskite abi puses, kad užsandarintumėte.

l) Nepersidengdami, kiekvieną pierogį grąžinkite į miltais pabarstytas kepimo skardas ar skardas.

m) Virkite pierogi mažomis partijomis, kol jie pakils į viršų, maždaug 1–2 minutes. Kiaurasamčiu išimkite juos iš vandens ir padėkite ant kepimo skardos ar indo.

n) Prieš patiekdami kepkite pyragus dalimis keptuvėje su veganišku kokosų sviestu ant vidutinės ugnies iki auksinės rudos spalvos, maždaug 2–3 minutes kiekvienoje pusėje.

o) Patiekite su veganišku kokosų kremu arba aštriu anakardžių kokosų kremu, karamelizuotais svogūnais ir (arba) keptais grybais!

75.Vegan špinatų rutuliukai makaronai

INGRIDIENTAI:

- 2 šaukštai maltų linų
- 2 šaukštai citrinos sulčių
- 450 g / 16 oz. švieži špinatai
- 3 šaukštai maistinių mielių
- 2 česnako skiltelės, smulkiai sutarkuotos
- sukaupta ½ šaukštelio druskos, daugiau pagal skonį
- ¼ arbatinio šaukštelio pipirų, pagal skonį
- gausus kiekis tarkuoto muskato riešuto, pakoreguokite pagal skonį
- 2 stiklinės rupių džiūvėsėlių
- aliejaus kepimui ar kepimui

INSTRUKCIJOS:

a) Mažame dubenyje sumaišykite maltas linų / chia sėklas, 2 šaukštus citrinos sulčių ir 60 ml / 14 šaukštų vandens. Palikite laiko, kol padažas sutirštės.

b) Špinatus 1–2 minutes blanširuokite verdančiame vandenyje, perkoškite ir nedelsdami suberkite į dubenį su lediniu vandeniu arba nuplaukite po šaltu vandeniu, kad išlaikytų spalvą.

c) Rankomis iš špinatų išspauskite kuo daugiau vandens. Smulkiai supjaustykite sausus špinatus.

d) Maišymo inde sumaišykite visus ingredientus, išskyrus džiūvėsėlius (ir aliejų). Palaipsniui suberkite džiūvėsėlius, įsitikinkite, kad mišinys nėra per sausas ar per drėgnas. Jei mišinys per šlapias, gali prireikti ne visų džiūvėsėlių arba gali prireikti šiek tiek daugiau. Eik su savo nuojauta.

e) Iš mišinio rankomis suformuokite nedidelius graikinio riešuto dydžio rutuliukus. Šaldykite mažiausiai 2 valandas.

f) Jei norite kepti špinatų rutuliukus, pabarstykite juos džiūvėsėliais.

g) Galite juos kepti apie 20 minučių 180 ° C / 355 ° F temperatūroje ant aliejumi išteptos kepimo skardos, apsukdami iki pusės arba kepkite dideliame kiekyje aliejaus, kol apskrus iš visų pusių.

76. Bulvių ir Morkų Pierogies

INGRIDIENTAI:
TEŠLA:
- universalūs miltai – 500 g
- Šiltas vanduo – 230 ml
- Druska - 1,5 arbatinio šaukštelio
- Alyvuogių aliejus - 2 šaukštai

UŽPILDYMAS:
- Bulvės - 600 g
- 1 puodelis v egan sūrių e
- Druska - 1,5 arbatinio šaukštelio
- Svogūnai – 1 didelis, smulkiai pjaustytas
- Malti pipirai - 1 arbatinis šaukštelis
- tarkuotas muskato riešutas - 2 žiupsneliai (nebūtina)

FRY:
- kokosų sviestas - 1 valgomasis šaukštas

GARYNAS:
- Susmulkintus laiškinius česnakus ir karamelizuotus svogūnus.

INSTRUKCIJOS:
UŽPILDYMAS:
a) Keptuvėje įkaitinkite alyvuogių aliejų ir švelniai pakepinkite susmulkintą svogūną iki auksinės rudos spalvos.

b) Įdėkite bulvę į vidutinį puodą su pakankamai vandens, kad apsemtų. [Galima naudoti greitpuodį arba greitąją vyryklę.] Puode ant stiprios ugnies užvirinkite vandenį. Virkite apie 15 minučių arba tol, kol bulvės suminkštės. Įsitikinkite, kad neperkepkite.

c) Nuvarvinus kiaurasamtyje bulvę grąžinkite į puodą. Bulvių trintuvu sutrinkite bulves ir įpilkite augalinio pieno, pipirų, sūrio, muskato riešuto ir karamelizuotų svogūnų. Taip pat yra druskos.

TEŠLA:
d) Dubenyje sumaišykite miltus, alyvuogių aliejų ir druską. Kruopščiai sumaišykite ir palaipsniui įpilkite vandens. Minkykite tešlą rankomis, kai ji grubiai įmaišoma. Jei negalite susimaišyti, įpilkite vandens. Įpilkite papildomų miltų, jei manote, kad įpylėte per daug vandens.

e) Minkykite tešlą 5-10 minučių ir atidėkite į šalį. Po minkymo tešla turi tapti lygesnė ir elastingesnė. Bet ne lipniu būdu!
f) Uždenkite ir atidėkite 30 minučių, kad atsipalaiduotumėte.
g) Tešlai pailsėjus, kočiojimo paviršių pabarstykite miltais, paimkite tešlos gabalėlį ir iškočiokite į 1-2 mm plonumo paviršių. Kuo plonesnį pasigaminsite, tuo skanesni bus koldūnai.
h) Apverstu stiklu iš tešlos išpjaukite apskritimus.
i) Į kiekvieno apskritimo centrą dėkite po kupiną arbatinį šaukštelį įdaro, perlenkite per pusę ir pirštais suspauskite pusapskritimo kampus.
j) Dideliame puode su vandeniu užvirinkite pieroges .
k) Kepkite pierogius 3–4 minutes arba tol, kol jie plauks, kiekvieną išimdami kiaurasamčiu.
l) Toliau virkite naują partiją, kol visi jie bus baigti.

77.Virti koldūnai

INGRIDIENTAI:
- 1 ½ puodelio išsijotų universalių miltų
- ½ arbatinio šaukštelio druskos
- ¼ arbatinio šaukštelio kepimo miltelių
- ½ puodelio margarino
- Maždaug ¼ puodelio vandens

INSTRUKCIJOS:
a) Įkaitinkite orkaitę iki 400 laipsnių pagal Farenheitą. Sumaišykite sausus ingredientus sietelyje.
b) Supjaustykite margarine konditerijos pjaustytuvu, naudodami tik tiek vandens, kad mišinys susiliestų.
c) Tešlą iškočiokite kaip pyrago plutą ant miltais pabarstytos lentos. Supjaustykite kvadratus į 3 colių kvadratus.
d) Kiekvieno kvadrato centre įdėkite maždaug 1 arbatinį šaukštelį įdaro. Kvadratus perlenkite per pusę, kad visiškai padengtumėte įdarą. Šakute suspauskite kraštus.
e) Kepkite 20 minučių arba iki auksinės rudos spalvos ant neprideganČio sausainių lakšto.

78.Mėlynė Pierogi

INGRIDIENTAI:
DĖL TEŠLOS
- 2 puodeliai (500 g) universalių miltų
- 1 puodelis karšto augalinio pieno
- 1 arbatinis šaukštelis druskos

MĖLYGŲ ĮDARUI
- 2 puodeliai mėlynių / mėlynių
- 1 valgomasis šaukštas universalių miltų

TOPPINGAS
- saldinta grietinėlė, 12% arba 18%
- žiupsnelis cukraus pudros / cukraus pudros, pabarstyti

INSTRUKCIJOS:
DĖL TEŠLOS
a) Miltus persijokite ir miltų kupolo centre padarykite duobutę. Į mišinį supilkite nedidelį kiekį karšto augalinio pieno ir išmaišykite. Greitai minkykite, prireikus įpilkite augalinio pieno, kad gautumėte minkštą, elastingą tešlą.

b) Padalinkite tešlą į keletą dalių. Ant miltais pabarstyto stalviršio iškočiokite pirmąją tešlos dalį.

c) Tešlą kočėlu iškočiokite į ploną lakštą. Tešlai pjaustyti naudokite stiklinę arba apskritimą.

MĖLYGŲ ĮDARUI
d) Šviežias mėlynes nuplaukite po vėsiu tekančiu vandeniu.

e) Šaldytas uogas iš šaldiklio išimkite prieš pat gamindami pierogi (koldūnus lengviau surinkti su šaldytais vaisiais)

f) Išdžiovinkite ant popierinių rankšluosčių, paskleiskite ant padėklo ir pabarstykite 1 šaukštu miltų.

g) Kiekvieno tešlos apskritimo centre įdėkite vieną arbatinį šaukštelį mėlynių. Tešlą užlenkite ant įdaro ir suglauskite kraštus. Tęskite, kol išnyks tešla ir mėlynės.

BAIGTI
h) Puode užvirinkite pasūdytą vandenį. Sumažinkite šilumą iki žemo lygio ir laikykite ten.

i) Sudėkite koldūnus ir virkite 5–6 minutes arba kol išplauks.

j)   Tuo tarpu paruoškite šiek tiek saldinto grietinėlės. Į maišymo indą supilkite šiek tiek grietinėlės, įpilkite cukraus pudros / cukraus pudros ir viską išmaišykite. Užkąskite ir pažiūrėkite, ar jis pakankamai saldus. Jei jis nėra pakankamai saldus, įpilkite daugiau cukraus ir bandykite dar kartą.

k) Naudodami kiaurasamtį išimkite pierogi iš puodo. Patiekite lėkštėse su šlakeliu saldintos grietinėlės.

79. Abrikosy Kolache

INGRIDIENTAI:
UŽDARUI
- 100 g (4 uncijos) džiovintų abrikosų
- 350 ml vandens
- 2 šaukštai smulkaus cukraus

DĖL TEŠLOS
- 225 g (8 uncijos) kokosų sviesto, suminkštinto
- 1 (200 g) kubilas veganiškas sūris, minkštas
- 150 g (5 uncijos) smulkaus cukraus
- 250 g (9 uncijos) paprastų miltų

INSTRUKCIJOS:

a) Norėdami paruošti įdarą, sumaišykite abrikosus su vandeniu tankiame puode ir uždengę dangčiu virkite ant vidutinės ugnies 10 minučių arba tol, kol abrikosai suminkštės.

b) Abrikosus sutrinkite, įberkite 2 šaukštus cukraus ir atidėkite atvėsti. Pašalinkite iš lygties.

c) Norėdami pagaminti tešlą, sumaišykite kokosų sviestą ir veganišką sūrį iki šviesios ir purios masės, tada įpilkite 150 g cukraus ir gerai išmaišykite.

d) Kruopščiai sumaišykite miltus. Iš tešlos suformuokite rutulį ir atšaldykite vieną valandą.

e) Ant gerai miltais pabarstyto paviršiaus išverčiame pusę tešlos ir su ja dirbame. Iškočiojus iki 25cm storio supjaustyti 5cm kvadratėliais.

f) Į aikštės centrą įdėkite 1/2 arbatinio šaukštelio abrikosų įdaro. Patraukite keturis kampus į centrą, suspauskite juos, kad užsandarintumėte.

g) Kepkite apie 15 minučių 200 °C temperatūroje / 6 dujų žyma.

DESERTAI

80.Ukrainos chrustyky

INGRIDIENTAI:

- 4 stiklinės išsijotų miltų
- 6 Kiaušinis
- 1 stiklinė grietinės
- 2 šaukštai Cukrus
- ¼ arbatinio šaukštelio druskos
- 1 arbatinis šaukštelis vanilės
- 2 šaukštai Sviesto
- ½ arbatinio šaukštelio migdolų skonio
- Tryniai – gerai išmušti

INSTRUKCIJOS:

a) Kiaušinių trynius išplakti iki šviesumo. Sudėkite į sausus ingredientus kartu su grietine, vanile, sviestu ir migdolų kvapiosiomis medžiagomis. Gerai išminkykite.
b) Susukite iki ⅛ colio storio. Supjaustykite 1 x 3 colių juostelėmis konditerijos ratuku.
c) Kiekvienos juostelės centre padarykite išilginį plyšį ir pertraukite vieną galą.
d) Kepkite karštuose riebaluose maždaug 2 minutes arba kol švelniai apskrus. Nusausinkite ant sunkaus popieriaus.
e) Kai atvės, pabarstykite konditerių cukrumi.

81.Ukrainietiškas sūrio pyragas

INGRIDIENTAI:
- Trapios tešlos pyragas
- 2 puodeliai varškės
- ½ stiklinės cukraus; Granuliuotas
- 2 arbatiniai šaukšteliai kukurūzų krakmolo
- ½ puodelio graikinių riešutų; Sukapotas,
- 3 Kiaušiniai; Didelis, atskirtas
- ½ stiklinės grietinės
- 1 arbatinis šaukštelis citrinos žievelės; Sutarkuota

INSTRUKCIJOS:
a) Įkaitinkite orkaitę iki 325 laipsnių F.
b) Varškę perspauskite per sietelį ir nusausinkite.
c) Dideliame dubenyje išplakite kiaušinių trynius iki šviesių ir putų, tada lėtai supilkite cukrų, toliau plakdami iki labai šviesios ir vientisos masės.
d) Į kiaušinių mišinį įpilkite varškės, gerai išmaišykite, tada sudėkite grietinę, kukurūzų krakmolą, citrinos žievelę ir graikinius riešutus (jei norite). Maišykite, kol visi ingredientai gerai susimaišys ir mišinys taps vientisas.
e) Kitame dideliame dubenyje plakite kiaušinių baltymus, kol susidarys minkštos smailės, tada švelniai įmaišykite juos į tešlą. Supilkite mišinį į paruoštą plutą ir kepkite apie 1 val.
f) Prieš patiekdami atvėsinkite iki kambario temperatūros.

82. Bajaderki

INGRIDIENTAI:
PIRKINIAI
- ½ kilogramo paruošto pyrago ar sausainių (blynai, pyragaičiai ir kt.)
- 1 puodelis susmulkinto kokoso
- 1 puodelis razinų
- ½ puodelio smulkiai pjaustytų bet kokios rūšies riešutų
- 1 puodelis trupintų traškių sausainių
- Bet koks aromatizuotas alkoholis (versijai suaugusiesiems), kiekis priklauso nuo tūrio
- 2–3 šaukštai juodųjų serbentų uogienės
- 1 citrinos sultys ir žievelė

GEDĖJIMAS
- 100 gramų tamsaus šokolado
- 1 arbatinis šaukštelis kokosų aliejaus

INSTRUKCIJOS:
TEŠLA
a) Kad susidarytų vienalytė masė, atsargiai rankomis sutrupinkite sausainius. Norėdami gauti molio tirštą mišinį, prilygstamą trumų deriniui, sumaišykite migdolus, kokosą, citrinos sultis ir žievelę, razinas, vyną ir uogienę.
b) Atidėkite 1 valandai šaldytuve.
c) Tada iš tešlos iškočiokite didelio graikinio riešuto dydžio arba didesnius rutuliukus. Padėkite juos ant kepimo skardos.

GEDĖJIMAS
d) Vandens vonelėje ištirpinkite šokoladą ir kokosų aliejų.
e) Į glazūrą po vieną dėkite rutuliukus. Šakute juos apverskite ir padėkite ant kepimo popieriaus.
f) Šaldykite rutuliukus 2 valandoms arba tol, kol glajus sukietės.

83.Mazurekas su šokoladiniu kremu

INGRIDIENTAI:
TEŠLA
- 2 puodeliai paprastų speltų miltų arba paprastų kvietinių miltų
- 100 g skysto kokosų aliejaus
- 1 kupinas šaukštas krakmolo
- 2 šaukštai nerafinuoto cukraus pudros
- 10-12 šaukštų šalto vandens

KREMAS
- 15 mėtų lapelių
- 1½ puodelio virtų baltųjų pupelių
- 100 gramų juodojo šokolado (70% kakavos sausųjų medžiagų)
- 1 apelsino sultys ir žievelė
- 1 arbatinis šaukštelis cinamono
- 2–3 arbatiniai šaukšteliai datulių sirupo ar kitokio sirupo

INSTRUKCIJOS:
TEŠLA
a) Dubenyje sumaišykite miltus, krakmolą ir cukraus pudrą. Visiškai sumaišykite kokosų aliejų. Lėtai supilkite vandenį. Kruopščiai išminkykite.
b) Tešla turi būti minkšta ir elastinga, panaši į naudojamą pierogiui. Iškočiokite ant kepimo popieriaus iki 4–5 mm storio. Iš popieriaus padarykite stačiakampį ar kitą formą. Šakute subadykite visą.
c) Įkaitinkite orkaitę iki 190°C/375°F ir kepkite 20 minučių. Palikite laiko atvėsti.

KREMAS
d) Sumaišykite pupeles, mėtas ir sirupą maišytuve iki vientisos masės.
e) Sultis ir žievelę užvirinkite. Įmaišykite šokoladą, kol jis ištirps. Atsargiai sumaišykite sumaišytas pupeles ir cinamoną.
f) Sluoksniuotą tešlą aptepkite grietinėle ir apibarstykite papuošimais. Šaldykite, kol kremas sutirštės.

84. Moliūgų mielinis Bundt pyragas

INGRIDIENTAI:
- 1 puodelis moliūgų putėsių
- 2½ stiklinės paprastų speltų miltų arba kvietinių pyragų miltų
- ½ puodelio bet kokio augalinio augalinio pieno
- 7 gramai sausų mielių
- ½ puodelio cukranendrių cukraus arba bet kokio kito nerafinuoto cukraus
- sultys ir 1 citrinos žievelė
- 1 valgomasis šaukštas skysto kokosų aliejaus
- 1 puodelis džiovintų spanguolių

INSTRUKCIJOS:
a) Dubenyje sumaišykite miltus, mieles, cukrų ir spanguoles.
b) Nedideliame puode lėtai kaitinkite moliūgų putėsius, augalinį pieną, citrinos sultis ir žievelę bei kokosų aliejų. Į tešlą įmaišykite šlapius ingredientus. Tai turėtų užtrukti apie 8 minutes.
c) Bundt pyrago formą plonu sluoksniu pabarstykite miltais ir patepkite riebalais. Tešlą dėkite į skardą, uždenkite ir palikite šiltoje vietoje 1 val., kad pakiltų.
d) Įkaitinkite orkaitę iki 180°C/350°F ir kepkite 35 minutes (kol medinis iešmas išeis švarus).

85. Kremo suktinukai

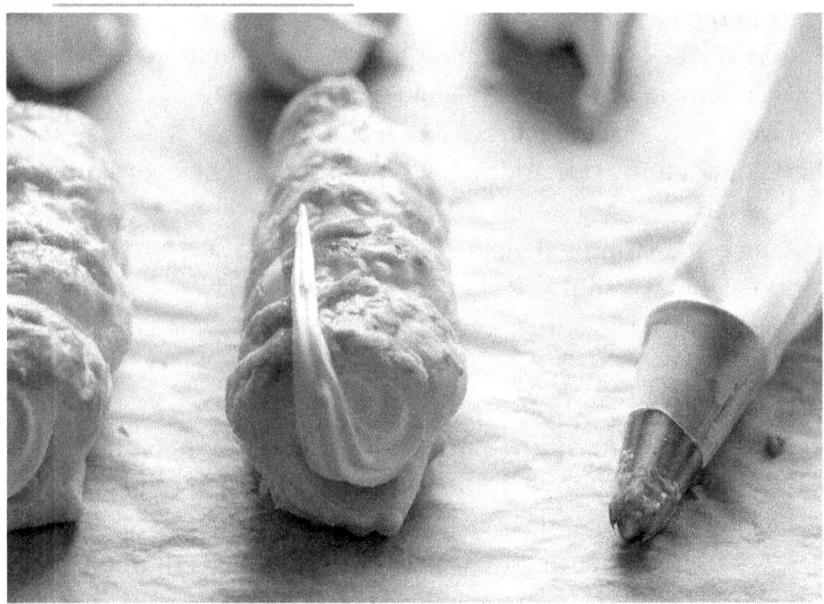

INGRIDIENTAI:
TEŠLA
- 2 ½ stiklinės paprastų speltos miltų arba paprastų kvietinių miltų
- ¾ stiklinės veganiško kremo (pvz., naminio sojų kremo)
- 2 šaukštai nerafinuoto cukraus pudros
- 100 gramų skysto kokosų aliejaus
- 1 valgomasis šaukštas krakmolo

KREMAS
- 2 skardinės kokosų augalinio pieno (po 400 gramų, 17% riebumo, 75% kokoso, šaldytuve 1-2 dienas)
- 1 valgomasis šaukštas nerafinuoto cukraus pudros
- 2 arbatiniai šaukšteliai vanilės ekstrakto
- 1 citrinos žievelė

INSTRUKCIJOS:
TEŠLA
a) Minkykite visus ingredientus, kol tešla taps vientisa.
b) Tešlą iškočiokite iki 2–3 mm storio. Supjaustykite 1 cm pločio juostelėmis. Prieš patiekdami 10 minučių palaikykite šaldytuve.
c) Suktinukus sudėkite ant kepimo popieriumi išklotos skardos. Įkaitinkite orkaitę iki 200°C/400°F ir kepkite 15 minučių. Prieš išimdami iš kornetų, leiskite jiems šiek tiek atvėsti. Kartokite, kol sunaudosite visą tešlą.

KREMAS
a) Iš skardinių išimkite baltą kietą kokosų pieno dalį. Naudodami cukraus pudrą gerai išmaišykite.
b) Atsargiai įmaišykite vanilės ekstraktą ir citrinos žievelę.
c) Sudėkite grietinėlę į maišelį ir supilkite įdarą į tuščius suktinukus. Galite naudoti vaisius, kad juos papuoštumėte, arba cukraus pudrą, kad apdulkintumėte.

86. Vafliai

INGRIDIENTAI:

- 5 dideli stačiakampiai vafliai
- ½ kilogramo juodųjų serbentų uogienės
- 3 puodeliai virtų avinžirnių (daugiau ar mažiau 1 puodelis sausų)
- 1 skardinė kokosų augalinio pieno
- 1 arbatinis šaukštelis vanilės ekstrakto
- 2 šaukštai cukranendrių cukraus
- 2 šaukštai kakavos
- 200 gramų juodojo šokolado (70% kakavos sausųjų medžiagų)

INSTRUKCIJOS:

a) Atidarykite kokosų augalinio pieno skardinę ir pašalinkite baltą kietą dalį. Puode užvirinkite. Nukelkite nuo ugnies ir įmaišykite šokoladą, kakavą, vanilės ekstraktą ir cukrų.

b) Maišykite, kol visi ingredientai ištirps. Visiškai išmaišykite avinžirnius.

c) Padėkite vaflio lakštą ant medžio gabalo. Uždenkite puse kremo ir kitu vafliu.

d) Ant jo aptepkite pusę uogienės. Pakartokite su likusiu kremu, uogiene ir vaflių lakštais. Švelniai paspauskite mygtuką.

e) Padėkite į šaldytuvą 4-5 valandoms.

87.Šventinis obuolių pyragas

INGRIDIENTAI:
- 3 puodeliai paprastų speltų miltų arba paprastų kvietinių miltų
- 2 plokšti šaukštai krakmolo
- 2 plokšti šaukštai nerafinuoto cukraus pudros
- 50 gramų skysto kokosų aliejaus
- 15 šaukštų šalto vandens
- 2 kilogramai virti obuolių
- 1 arbatinis šaukštelis cinamono
- 1 arbatinis šaukštelis malto kardamono
- 1 puodelis razinų
- 1 puodelis graikinių riešutų
- 1 puodelis džiūvėsėlių

INSTRUKCIJOS:

a) Atsargiai sumaišykite miltus, krakmolą, cukraus pudrą ir kokosų aliejų. Įpilkite po vieną šaukštą vandens, po kiekvieno įpylimo maišydami arba minkydami tešlą. Sumaišius visus ingredientus, minkykite tešlą, kol ji taps elastinga ir lygi.

b) Tešlą padalinkite į dvi lygias dalis. Vieną iš jų reikia iškočioti ant kepimo popieriaus lakšto, kurio matmenys yra 20 x 30 cm/8 x 12 colių. Tešlą keletą kartų subadykite šakute, dėkite ant kepimo skardos ir 30 minučių atvėsinkite. Likusią tešlos dalį padėkite į šaldiklį 45 minutėms.

c) Išimkite skardą iš šaldytuvo ir kepkite 190°C 15 minučių. Leiskite sau atsipalaiduoti. Tuo tarpu paruoškite obuolius.

d) Nulupkite obuolius ir išimkite šerdis. Sūrį sutarkuokite trintuvu arba mandolino pjaustykle. Dubenyje sumaišykite cinamoną, razinas ir storai pjaustytus graikinius riešutus. Jei obuoliai per rūgštūs, galite įdėti medaus.

e) Ant pusiau iškepto pagrindo tolygiai išbarstykite džiūvėsėlius. Toliau obuolius reikia išbarstyti ant sluoksniuotos tešlos.

f) Ant obuolių dėkite šaldytą tešlą ir sutarkuokite. Įkaitinkite orkaitę iki 180°C/350°F ir kepkite 1 valandą.

88.Bulviniai imbieriniai sausainiai

INGRIDIENTAI:
- ½ kilogramo nuskustų bulvių
- 5 šaukštai skysto kokosų aliejaus
- ½ puodelio datulių sirupo ar kito sirupo
- 2 arbatinius šaukštelius kepimo sodos
- 2½ stiklinės paprastų speltų miltų arba paprastų kvietinių miltų
- ½ puodelio krakmolo
- 4 šaukštai meduolių prieskonių
- 1 valgomasis šaukštas kakavos

INSTRUKCIJOS:

a) Virkite bulves, kol jos suminkštės, tada atvėsinkite ir susmulkinkite bulvių trintuvu. Dubenyje sumaišykite datulių sirupą ir kokosų aliejų.

b) Atskirame dubenyje sumaišykite miltus, krakmolą, soda ir meduolių prieskonius. Įpylus skysčių, minkykite tešlą.

c) Miltais pabarstykite konditerijos lentą arba konditerinį kilimėlį ir iškočiokite tešlą iki maždaug 5 mm storio.

d) Sausainių pjaustyklėmis išpjaukite įvairias formas. Įkaitinkite orkaitę iki 170°C/325°F ir kepkite 10 minučių. Leiskite atvėsti ir papuoškite pagal pageidavimą.

89.Kepti obuoliai su vaisiais ir riešutais

INGRIDIENTAI:
- 6 kepimo obuoliai, nuplauti ir išimti šerdį
- 6 valgomieji šaukštai veganiško granuliuoto saldiklio
- 6 valgomieji šaukštai braškių arba abrikosų vaisių konservų
- ½ puodelio kapotų graikinių riešutų

INSTRUKCIJOS:
a) Įkaitinkite orkaitę iki 350 laipsnių pagal Farenheitą. Įdėkite obuolius į kepimo indą, įsitikindami, kad jie liečiasi ir tvirtai priglunda.
b) Į kiekvieno obuolio šerdį įdėkite 1 arbatinį šaukštelį cukraus, po to konservus. Įdėkite riešutų kaip pabaigą. Į kepimo indą reikia įpilti vieną colį vandens.
c) Įkaitinkite orkaitę iki 350 ° F ir kepkite 30 minučių arba kol obuoliai suminkštės.
d) Patiekite iš karto arba atvėsinkite.

90.Veganiškas uogų sūrio pyragas e

INGRIDIENTAI:
- 4 (8 uncijos / 225 g) pakuotės veganiško kreminio sūrio
- 0,5 uncijos Agaro agaro + 1 puodelis karšto vandens
- 1 dėžutė (3 uncijos) veganiškos citrinos želė + 1 puodelis karšto vandens
- 1/4 puodelio cukraus pudros
- vafliai
- Šviežios braškės arba avietės
- 2 dėžutės (po 3 oz.) veganiškų braškių želė

INSTRUKCIJOS:

a) Puodelyje karšto vandens ištirpinkite 2 pakelius agaro ir 1 puodelį citrinos želė.

b) Kai sūris bus paruoštas, plakite apie 2 minutes arba iki purumo. Agaras Agarą ir želė reikia dėti po truputį.

c) Maišykite, kol išnyks visi gabalėliai. Suberkite cukrų ir toliau plakite, kol viskas gerai susimaišys.

d) Ant spyruoklinės formos dugno padėkite vanilinius vaflius. Užpildykite keptuvę kreminio sūrio mišiniu. Šaldykite mažiausiai 2 valandas .

e) Braškių želė pagaminkite su puse vandens kiekio (1 puodelis kiekvienai dėžutei, iš viso 2 puodeliai iš dviejų dėžučių). Leiskite atvėsti keletą minučių.

f) Ant sustingusio sūrio mišinio dėkite braškes. Šaldykite, kol želė sukietės, tada supilkite ant braškių.

91.Saldus grūdų pudingas

INGRIDIENTAI:
- 1 puodelis kviečių uogų arba miežių
- 4 šaukštai klevų sirupo
- ½ puodelio (115 g) cukraus
- 2 puodeliai (450 g) aguonų
- bakalie

INSTRUKCIJOS:
a) Išplovę kviečius pamirkykite per naktį.
b) Grūdus pamirkykite vandenyje, kol suminkštės, tada nusausinkite ant sietelio.
c) Dubenyje sumaišykite aguonas, klevų sirupą, cukrų, bakaliją ir kviečių uogas.

92.Riešutiniai pusmėnulio sausainiai

INGRIDIENTAI:

- 1⅓ stiklinės (150 g) miltų
- 6 šaukštai kokosų sviesto
- ⅓ puodelio (65 g) smulkiai sumaltų graikinių riešutų
- ¼ puodelio (55 g) cukraus

INSTRUKCIJOS:

a) Įkaitinkite orkaitę iki 300 laipsnių pagal Farenheitą (150 laipsnių Celsijaus).
b) Sumaišykite visus ingredientus į tešlą.
c) Tešlą rankomis iškočiokite į ilgą virvę ir supjaustykite kas 3 colius (7,5 cm).
d) Iš kiekvieno gabalėlio suformuokite pusmėnulį ir padėkite ant kepimo skardos.
e) Kepkite apie 20 minučių arba kol sausainiai lengvai paruduos. Prieš apibarstydami cukraus pudra, leiskite atvėsti.

93.Slyvų troškinys

INGRIDIENTAI:

- 2 svarai (900 g) šviežių slyvų
- pasirinktinai: ¾ puodelio (170 g) cukraus

INSTRUKCIJOS:

a) Slyvas nuplaukite ir išimkite kauliukus.
b) Slyvas užvirinkite nedideliame kiekyje vandens (tiek, kad apsemtų) ir retkarčiais pamaišykite.
c) Kad skonis būtų saldesnis, cukrų galima įdėti po dviejų valandų.
d) Kai troškinys sutirštės ir didžioji dalis vandens išgaruos, supilstykite į stiklinius indelius ir laikykite vėsioje vietoje.
e) Pasibaigus gaminimo laikui, įpilkite muskato riešuto, citrinos sulčių arba cinamono, kad pagerintumėte skonį.

94. Marmeladas

INGRIDIENTAI:

- 2 svarų (900 g) šviežių vaisių, tokių kaip obuoliai, kriaušės, abrikosai, vyšnios ir (arba) braškės
- 1¾ stiklinės (395 g) cukraus

INSTRUKCIJOS:
a) Atsižvelgiant į naudojamus vaisius ar vaisius, nuvalykite, nulupkite ir išimkite kauliukus.
b) Retkarčiais pamaišydami užvirinkite nedideliame kiekyje vandens (tiek, kad apsemtų).
c) Sutrinkite trintuvu arba sutarkuokite ant smulkiausių grotelių skylučių, kai vaisiai suminkštės.
d) Virkite ant silpnos ugnies, kol masė sutirštės, nuolat maišydami.
e) Supilstyti į stiklinius indelius ir laikyti šaldytuve.

95.Velykų pyragas

INGRIDIENTAI:
TRUMPOS duonos PLUTA
- 1 ½ stiklinės miltų
- ½ stiklinės smulkiagrūdžio cukraus
- ½ puodelio kokosų sviesto
- 1 arbatinis šaukštelis vanilės ekstrakto (nebūtina)

TOPPINGAS
- 1 ½ puodelio Vegan Dulce de leche
- riešutai, džiovinti vaisiai, saldainiai papuošimui

INSTRUKCIJOS:
a) Virtuvės kombainu sumaišykite miltus su cukrumi ir plakite iki vientisos masės. Tada sudėkite kokosų sviestą, supjaustytą mažais gabalėliais, ir išplakite iki trupinių.
b) Atskirame dubenyje sumaišykite vandenį ir pasirinktą vanilės esenciją.
c) Įkaitinkite orkaitę iki 350 ° F ir stumkite tešlą į pasirinktą keptuvę. Arba padarykite kraštus, paspaudę tešlą iš šonų, arba padėkite atskirą dekoratyvinį kraštą su tešla.
d) Tešlos dugną subadykite šakute, kad ji neišpūstų. Tada kepkite 375 laipsnių pagal Farenheitą apie 30 minučių.
e) Priklausomai nuo keptuvės dydžio ir formos, kepkite plutą 20–35 minutes centrinėje orkaitės lentynoje. Plutelė taps auksinė, o jūsų virtuvė prisipildys kokosų sviesto aromato. Išėmus iš orkaitės leiskite atvėsti.
f) Naudokite Vegan Dulce de leche arba bet kurią kitą karamelės užtepėlę. Karamelę pašildykite įdėdami į puodą. Supilkite karamelę į pyrago lukštą ir atidėkite kelioms minutėms.
g) Paruoškite valgomus papuošimus, kol karamelė ruošiasi.

96.Vanilinio kremo pudingas

INGRIDIENTAI:

- ½ vanilės ankšties, galima su ½ šaukšto vanilės ekstrakto
- 2 puodeliai + 2 šaukštai augalinio pieno
- 5-7 arbatiniai šaukšteliai cukraus
- 3 šaukštai bulvių miltų, gali būti su kukurūzų miltais arba kukurūzų krakmolu
- 3-4 arbatiniai šaukšteliai aviečių sirupo, patiekimui, nebūtina

INSTRUKCIJOS:

a) Pusę vanilės ankšties perpjaukite išilgai ir peiliu išskobkite pupeles. Pašalinkite iš lygties.
b) 1,5 puodelio (350 ml) augalinio pieno, vanilės pupelių ir cukraus užvirinkite.
c) Bulvių miltus sumaišykite su likusiu vėsiu augaliniu pienu. Greitai išmaišykite šluotele, kad verdančiame augaliniame piene nesusidarytų gumuliukų.
d) Užvirinkite, tada nuolat maišydami troškinkite apie 1 minutę arba kol kremas sutirštės.
e) Nukėlus nuo ugnies supilstyti į atskiras desertines taures ar indus.
f) Užlašinkite kelis lašus aviečių sirupo ir nedelsdami patiekite.

97. Cream Fudge

INGRIDIENTAI:

- 1/2 stiklinės cukraus
- 2–14 uncijų skardinės kondensuoto augalinio pieno
- 1/3 puodelio kokosų sviesto

INSTRUKCIJOS:

a) Vidutiniame puode sumaišykite cukrų ir kondensuotą augalinį pieną. Kai tik pradės virti, sumažinkite ugnį iki minimumo ir toliau švelniai ir nuolat maišykite. Maišant reikia būti labai atsargiems.

b) Po 15–20 minučių virimo pašildykite mišinį iki 225–235 °F temperatūros. Nukelkite keptuvę nuo ugnies ir supilkite kokosų sviestą, nuolat plakdami 3 minutes.

c) Supilkite tešlą į paruoštą skardą ir visiškai atvėsinkite, prieš laikykite šaldytuve bent 30 minučių.

d) Išimkite iš keptuvės ir supjaustykite gabalėliais. Apvyniokite vaškuotą popierių aplink kiekvieną. Suvyniotas porcijas reikia laikyti uždengtame inde, kad neišdžiūtų.

98.Migdolai Chocolate Plums

INGRIDIENTAI:

- 24 slyvos, be kauliukų (džiovintos slyvos)
- 24 sveiki migdolai, skrudinti
- 8 uncijų pusiau saldaus šokolado drožlių
- grūstų riešutų, papuošimui

INSTRUKCIJOS:

a) Įkaitinkite orkaitę iki 350 ° F ir išklokite kepimo skardą aliuminio folija arba vaškuotu popieriumi.

b) Kepkite šokoladą mikrobangų krosnelėje, kol jis visiškai ištirps.

c) Toliau maišykite, kol šokoladas taps vientisas, tada atidėkite šiek tiek atvėsti, kol ruošite džiovintas slyvas.

d) Į kiekvienos slyvos centrą įdėkite po migdolą, po vieną kiekvienai slyvai.

e) Kiekvieną slyvą panardinkite į šokoladą ir visiškai paskandinkite.

f) Saldainius dėkite ant paruoštos kepimo skardos ir kol šokoladas dar šlapias, jei norite, viršų pabarstykite grūstais riešutais.

g) Sudėję visas džiovintas slyvas ant kepimo skardos, prieš patiekdami atvėsinkite 30 minučių, kad šokoladas sustingtų.

h) Laikyti šaldytuve iki vienos savaitės hermetiškame inde.

99. Vegan saldaus sūrio suktinukai

INGRIDIENTAI:
TEŠLA _

- 250 g / 2 stiklinės kvietinių miltų
- ¼ arbatinio šaukštelio smulkios druskos
- 7 g / 2¼ arbatinio šaukštelio greitai paruošiamų džiovintų mielių
- 35 g / 3 šaukštai cukraus
- apytiksliai 160 ml / 2/3 puodelio drungno augalinio augalinio pieno
- 30 g / 2 kupinų šaukštų švelnaus kokosų aliejaus
- 2 arbatiniai šaukšteliai augalinio augalinio pieno + 1 arbatinis šaukštelis klevų sirupo

UŽPILDYMAS
- 135 g / 1 puodelis žalių anakardžių, mirkyti
- 1 citrina, žievelė + 2-4 šaukštai sulčių
- 2 arbatiniai šaukšteliai vanilės ekstrakto
- 80 ml / 1/3 puodelio klevų sirupo arba cukraus
- 80 ml / 1/3 puodelio augalinio augalinio pieno
- 15 g / 1 kupinas šaukštas švelnaus kokosų aliejaus arba veganiško kokosų sviesto
- 150 g / 5,25 uncijos. prinokusių uogų

INSTRUKCIJOS:
UŽPILDYMAS
a) Supilkite visus skysčius į maišytuvo dugną.
b) Sudėkite nusausintus ir nuplautus anakardžius ir ištrinkite iki aksominės masės.

TEŠLA _
c) Dideliame dubenyje sumaišykite miltus, druską, greitas mieles ir cukrų.
d) Supilkite didžiąją dalį augalinio pieno (sulaikykite 1 valgomąjį šaukštą).
e) Išverskite mišinį ant darbinio paviršiaus, kai jis išliks kartu.
f) Minkykite tešlą viena ranka laikydami vieną galą, o kita ištempdami tešlą.
g) Į tešlą įmaišykite kokosų aliejų (jo nereikia ištirpinti).

h) Iš tešlos išmuškite visą orą ir padidėjusį padalykite į 6-7 panašias dalis.
i) Kiekvieną porciją susukite į rutulį ir dėkite į lengvai aliejumi pateptą kepimo skardą, uždenkite virtuviniu rankšluosčiu.
j) Įkaitinkite orkaitę iki 180 laipsnių Celsijaus (355 laipsnių pagal Farenheitą).
k) Ranka išlyginkite kiekvieną rutuliuką, tada į kiekvieną rutuliuką įspauskite lengvai aliejumi pateptą stiklinį dugną, kad susidarytų gili įduba įdarui.
l) Pirštais patobulinkite atspaudo formą, jei tešla atsigaus.
m) Užpildykite skaniu „sūrio" mišiniu, kurį gaminote anksčiau, o ant viršaus – uogomis.
n) Tešlą aptepkite augalinio pieno ir klevų sirupo mišiniu (ne įdaru).
o) Įkaitinkite orkaitę iki 350 ° F ir kepkite 20 minučių.

100.Ukrainietiškas garuose virtų kopūstų suflė

INGRIDIENTAI:

- 1 kopūstas, didelis, su nepažeistais išoriniais lapais
- 1 svogūnas, didelis, susmulkintas
- 4 šaukštai sviesto
- 1½ šaukštelio druskos
- ¾ puodelio Pieno
- ½ arbatinio šaukštelio raudonųjų pipirų dribsnių
- 1 arbatinis šaukštelis baltųjų pipirų
- 1 arbatinis šaukštelis mairūno
- 3 Kiaušinių tryniai
- 5 Kiaušinių baltymai
- 1 arbatinis šaukštelis Cukrus
- ½ kiekvienos česnako skiltelės, susmulkintos

INSTRUKCIJOS:

a) Kopūstą nulupkite ir pašalinkite išorinius lapus. Šiuos didelius išorinius lapus blanširuokite verdančiame vandenyje 5 minutes. Nusausinkite ir atidėkite į šalį. Kopūstą nulupkite, supjaustykite gabalėliais ir sudėkite į didelį puodą.

b) Kopūstus užpilkite pienu ir troškinkite 25 minutes arba kol kopūstai suminkštės. Svieste pakepinkite svogūną ir česnaką. Sumaišykite susmulkintą kopūstą, svogūną ir česnaką, troškintą sviestą, duonos trupinius, kiaušinių trynius ir prieskonius.

c) Kiaušinių baltymus išplakite iki standumo, bet ne sausų, tada įmaišykite į masę. Blanširuotus kopūsto lapus paskleiskite ant didelio sūrio audinio. Įsitikinkite, kad jie sutampa ir mišinys tilps į vidurį, kad būtų daug vietos.

d) Į lapų vidurį suberkite įdaro mišinį. Lapelius užlenkite aukštyn, kad apsemtų įdarą. Sujunkite sūrio audinio kampus ir suriškite juos virvele.

e) Atsargiai įdėkite šį ryšulį į kiaurasamtį ir įdėkite kiaurasamtį į gilų puodą virš kelių colių vandens. Puodą uždenkite, kad jis sandariai užsidarytų. Puodą užvirinkite ir virkite 45 minutes.

f) Atsukite sūrio audinį, apverskite ir nuimkite sūrio audinį.

g) Patiekite suflė supjaustę griežinėliais.

IŠVADA

Baigdami kulinarinę kelionę po „Autentišką ukrainietišką virtuvę", tikimės, kad patyrėte džiaugsmą tyrinėdami sielą ir širdį glostančius skonius, apibūdinančius Ukrainos virtuvę. Kiekvienas receptas šiuose puslapiuose yra turtingų tradicijų, įvairių skonių ir šilumos šventė, dėl kurios ukrainietiška virtuvė yra unikali ir maloni patirtis – tai džiaugsmo, kurį teikia kiekvienas patiekalas, liudijimas.

Nesvarbu, ar ragavote barščių sodrumą, pasimėgavote varenyky komfortu, ar pasimėgavote ukrainietiškų desertų saldumu, tikime, kad šie receptai uždegė jūsų aistrą atkurti autentiškus Ukrainos skonius. Be ingredientų ir technikų, „Autentiška ukrainietiška virtuvė" gali tapti įkvėpimo šaltiniu, ryšiu su kultūrinėmis tradicijomis ir džiaugsmo švente, kurią lydi kiekvienas kvapnus kūrinys.

Toliau tyrinėjant ukrainietiškos virtuvės pasaulį, ši kulinarijos knyga bus jūsų patikimas draugas, kuriame rasite įvairių receptų, kurie demonstruoja ukrainietiškų virtuvių turtingumą ir sielą. Čia galite mėgautis autentiškais skoniais, atkurti tradicinius patiekalus ir mėgautis kiekvieno kąsnio džiaugsmu. Смачного! (Skanaus!)

www.ingramcontent.com/pod-product-compliance
Lightning Source LLC
Chambersburg PA
CBHW071329110526
44591CB00010B/1078